DESDE EL CERTIFICADO DIGITAL HASTA LA BLOCKCHAIN

Magdalena Merelo

DESDE EL CERTIFICADO DIGITAL HASTA LA BLOCKCHAIN

Encriptación en Internet: tecnología para las personas

bubok
EDITORIAL

© Magdalena Merelo

© DESDE EL CERTIFICADO DIGITAL HASTA LA BLOCKCHAIN

Abril 2025

ISBN papel: 978-84-685-8769-1
ISBN ePub: 978-84-685-8770-7
Depósito legal:. M-8651-2025
SafeCreative: 2503281289310

Editado por Bubok Publishing S.L.
equipo@bubok.com
Tel: 912904490
Paseo de las Delicias, 23
28045 Madrid

Dedicatoria: a mis padres, pareja e hija.

Agradecimientos: a todas las personas que me han apoyado y creyeron en mí.

"Blockchain es la tecnología. Bitcoin es simplemente la primera manifestación principal de su potencial."

Marc Kenigsberg

SUMARIO

¿POR QUÉ HE ESCRITO UN MANUAL DE FIRMA DIGITAL?

Este manual se dirige a los que quieren aprender y acercarse al mundo de la certificación digital y ver todos los usos que les podemos dar en nuestro día a día cuando nos relacionamos con las administraciones públicas, con nuestro banco, con empresas e incluso entre otras personas, haciendo que nuestra vida sea más fácil y realizar trámites de forma rápida y eficaz.

Pero creo que se quedaba corto con solo comentar la firma y la factura electrónicas y he querido dar un paso más y mostrar de forma sencilla la nueva tecnología que se basa en la criptografía, ya que el futuro es ahora, la encriptación hace que los sistemas que utilizamos en nuestro día a día en el mundo digital sean seguros, hace que esté disponible para todo el mundo y es una revolución a la hora de realizar operaciones de todo tipo.

La blockchain comenzó como una innovación tecnológica diseñada para resolver un problema específico relacionado con las transacciones digitales: la necesidad de garantizar la confianza y la seguridad en un sistema descentralizado, sin la necesidad de intermediarios.

Comprobarás que la blockchain puede hacer mucho por ti, en tu vida cotidiana, brindándola de confianza y seguridad, por ejemplo, a la hora de firmar un contrato con terceros.

Haz que vuele tu imaginación y de la mano de la blockchain hará tu vida más fácil y certera en el mundo digital, pero también podrás hacer que tu negocio crezca.

Por ejemplo, a través de los NFT, non fungible tokens, que sirven para comercializar con seguridad todo tipo de objetos, especialmente los creativos, como por ejemplo la música. Los artistas pueden comercializar su arte y asegurarse de poder monetizarlo de una forma segura y sin intermediarios.

Entiendo que algunos elementos que se explican aquí son básicos y que puede que no tengas conocimientos previos, he intentado hablar para todo tipo de usuarios desde los más iniciales hasta los avanzados y dar unas pinceladas de la tecnología que ya está aquí y que cambiará el mundo de nuevo como lo hizo anteriormente las revoluciones industriales.

Comentarte que al final de este manual hay un glosario que ayuda a entender algunos términos.

Una vez leído este manual, contadme, ¿en qué y para qué utilizarías todas estas herramientas? Y si tenéis alguna duda, o queréis comentarme algo sobre esta guía: podéis escribir un e-mail a: mereloestrategy@gmail.com o en rrss: @magdamerelo.

Espero que este manual os sea útil para vuestra vida cotidiana y en vuestras empresas.

<u>Sobre la autora</u>: Magda Merelo es Diplomada en Gestión y Administración Pública por la Complutense de Madrid, además de tener un Máster en Comunicación Empresarial y varios cursos sobre la Firma Digital. Tiene pasión por la gastronomía y comenzó a compartir sus experiencias en 2007 como bloguera gastronómica en varios blogs y tiendas online. Está especializada en dos ramas desde 2007 en Firma Electrónica y desde el 2010 en Marketing Digital y Social Media Manager.

Otros Manuales de la autora:

- Cata de Vino para principiantes: Con qué platos acompañan mejor.

- Manual de Queso y Cata para principiantes.

- Manual de Marketing Digital, Redes Sociales y Metaverso como utilizarlos para la venta para Autónomos y PYMES.

CONTEXTO

¿QUÉ ES LA IDENTIDAD DIGITAL?

La identidad digital se compone de la información que se encuentra en internet y que está asociada a un individuo o entidad. Esto incluye datos personales, actividades en línea, y cualquier otra información que se pueda utilizar para identificar a alguien en el ciberespacio.

Hay que poner medidas y para eso tenemos herramientas para protegerse contra el robo de identidad y el fraude.

¿Y cómo lo hacemos?

De la mano de las contraseñas y los certificados digitales puedes controlar quién tiene acceso a tu información personal.

Seguir unas pautas de seguridad y mantener nuestras contraseñas y certificados digitales seguros es fundamental ya que de no ser así puede afectar a cómo te perciben los demás en el entorno digital, lo cual es crucial para la vida personal y profesional.

Consejos para proteger tu identidad digital

- Usa contraseñas fuertes y únicas: Evita usar la misma contraseña para múltiples cuentas.

- Habilita la autenticación de dos factores (2FA): Añade una capa extra de seguridad.

- Revisa y ajusta las configuraciones de privacidad: En redes sociales y otros servicios en línea.

- Mantén tu software actualizado: Para protegerte contra vulnerabilidades de seguridad.

- Utiliza el certificado digital para la firma de tus documentos o correos electrónicos. Además, para empresas puedes preparar tus sistemas para a la hora de acceder a ellas necesites utilizar e iniciar sesión a través del certificado digital.

Graba esto bien en tu cabeza, NUNCA COMPARTAS TUS CLAVES PRIVADAS con nadie.

Firma digital

La firma electrónica y los certificados digitales son herramientas clave en el mundo digital, ya que garantizan la seguridad, autentifican y dan integridad a tus documentos y transacciones electrónicas. Su uso permite que las personas, empresas y gobiernos operen de manera confiable en entornos virtuales. Estas tecnologías se basan en la criptografía para garantizar que los datos no sean alterados y que las partes involucradas sean quienes dicen ser.

El certificado digital nació como una solución tecnológica para abordar problemas clave en la confianza y seguridad de las comunicaciones digitales, sobre todo a medida que Internet comenzó a crecer exponencialmente en las décadas de 1980 y 1990.

El problema inicial era hacer constar de la autenticidad y seguridad en redes digitales. A medida que los ordenadores y computadoras comenzaron a conectarse entre sí en diferentes partes del planeta, surgió un problema crítico: **¿cómo garantizar que las personas o entidades en la red eran quienes decían ser?**

Cómo se podría comprobar que algo en el mundo digital era verídico y no se suplantara la identidad de organizaciones y persona, como también comprobar que lo que se estaba en un documento virtual era veraz.

La necesidad de proteger las transacciones digitales, los pagos, los contratos, las interacciones con los organismos públicos comenzó con el surgimiento de actividades económicas y comerciales en línea, las empresas necesitaban una forma segura de autenticar a los participantes y proteger la integridad de los datos. Por ejemplo:

- ¿Cómo verificar que un mensaje no fue alterado en tránsito?

- ¿Cómo saber si un remitente es realmente quien dice ser?

Criptografía asimétrica

En 1976, Whitfield Diffie y Martin Hellman introdujeron el concepto de la criptografía de clave pública (PKI), un avance revolucionario. Este modelo se basaba en el uso de dos claves:

Una clave privada: conocida solo por el propietario. Una clave privada permite demostrar la propiedad de una dirección pública, de un documento o información. La clave privada puede adoptar muchas formas: código binario de 256 caracteres, código hexadecimal de 64 dígitos, un QR, o por ejemplo una frase mnemotécnica (también conocida como frase semilla).

Una clave pública: compartida públicamente para que otros puedan verificar o cifrar mensajes. Esta clave pública permite recibir información a través de un código criptográfico que está emparejado con una clave privada. Aunque cualquiera puede enviar información a la clave pública, se necesita privada para desbloquearlas y demostrar que se es el propietario de la información.

La clave pública cuyas siglas son PKC (public key cryptography) se utilizó por primera vez para cifrar y descifrar mensajes. Esta es la base de las criptomonedas para realizar transacciones, de las que hablaremos más adelante.

La clave del PKC son las llamadas funciones trampa, funciones matemáticas unidireccionales que son fáciles de resolver en un sentido, pero casi imposibles de descifrar en sentido contrario.

Esto sentó las bases para la autenticación y la encriptación y así en 1977 Ron Rivest, Adi Shamir y Leonard Adleman desarrollaron el algoritmo RSA que implementaba la criptografía de clave pública. Este algoritmo permitió las primeras aplicaciones prácticas de autenticación y firmas digitales.

Aparición de los certificados digitales

En los años 80, mientras la criptografía avanzaba, surgió un nuevo desafío: **¿cómo saber si una clave pública realmente pertenece a una persona o entidad específica?**

Aquí es donde nacen los certificados digitales como una forma de vincular una clave pública con la identidad del propietario mediante un tercero confiable, llamado Autoridad Certificadora (CA).

En los años 90, se desarrolló el concepto de Infraestructura de Clave Pública (PKI), un sistema que combina:

- Certificados digitales.

- Autoridades Certificadoras (CA) que emiten, revocan y gestionan los certificados.

Protocolos para gestionar la autenticación y verificación en línea.

Uno de los primeros navegadores web llamado Netscape, introdujo en 1995 el protocolo SSL (Secure Sockets Layer) para cifrar las comunicaciones entre navegadores y servidores. Los certificados digitales se usaron para autenticar los servidores y garantizar que las conexiones fueran seguras.

Normas y estándares

En 1988, se publicó el estándar X.509, que define la estructura de los certificados digitales y es el modelo que se sigue utilizando hasta hoy.

Posteriormente, los protocolos como SSL/TLS adoptaron estos estándares para garantizar la seguridad en internet.

Hoy en día, los certificados digitales son la base de muchas aplicaciones modernas:

- Autenticación de servidores web (HTTPS).

- Firmas electrónicas avanzadas.

- Identidad digital para personas y organizaciones.

Seguridad en correos electrónicos, redes VPN y más.

Regulaciones y Normativas Internacionales sobre el certificado digital y la firma electrónica:

En los años 90, con el auge del comercio electrónico (Amazon, eBay, etc.), los certificados digitales comenzaron a usarse ampliamente para proteger sitios web mediante el protocolo HTTPS.

A medida que las transacciones electrónicas se expandieron, los gobiernos adoptaron los certificados digitales como parte de regulaciones legales para garantizar la validez de las firmas electrónicas y las transacciones seguras:

En España tenemos la Ley 59/2003, de 19 de diciembre, de Firma Electrónica. Esta ley equipara la firma electrónica a la manuscrita, además nos regimos por la legislación europea también.

Europa: Reglamento eIDAS.

Estados Unidos: ESIGN y UETA.

América Latina: Normativas locales (ej. México, Chile, Colombia).

Validez de Firmas Digitales y Electrónicas

Para que una firma digital o electrónica sea válida y reconocida legalmente, generalmente debe cumplir con los siguientes requisitos:

- Identificación del firmante: La firma debe asociarse inequívocamente con el firmante, es decir, debe permitir identificar quién firmó el documento.

- Autenticidad: Garantiza que la firma fue realizada efectivamente por la persona que dice haber firmado (esto se logra mediante el uso de claves privadas o certificados digitales).

- Integridad: La firma debe proteger el documento firmado de cualquier alteración. Si el documento cambia después de haber sido firmado, la firma debe invalidarse automáticamente.

• No repudio: El firmante no debe poder negar haber firmado el documento (esto se asegura mediante tecnologías de criptografía de clave pública).

Normativa en España para las facturas electrónicas:

En España, las facturas electrónicas deben seguir las directrices de la Ley 56/2007, complementada por el Real Decreto 1619/2012, que regula las obligaciones de facturación. Además:

Las empresas que trabajan con la administración pública están obligadas a emitir facturas electrónicas a través de la plataforma FACe.

La Ley Crea y Crece (Ley 18/2022) establece la obligatoriedad de emitir y recibir facturas electrónicas en transacciones entre empresas (B2B) y autónomos a partir de 2025.

Formatos de firma

Se denomina formato de firma a como se genera el documento de firma y como se guarda o estructura la información de firma en el documento generado.

Existen múltiples formatos de firma, según las necesidades puedes utilizar unos u otros. Los formatos básicos son:

XML Signature: permite la firma de documentos XML, facturación electrónica y servicios web.

PDF Signature: es una firma embebida en un documento pdf y puede ser visualizada por otro usuario que tenga Acrobat Reader.

CMS (cryptographic Message Syntax): Es un formato binario usuario para la firma, autentificación, resumen y encriptación de documentos.

S/MIME (Secure/Multipurpose Internet Mail Extensions): Es una tecnología basada en criptografía de clave pública que permite firmar y cifrar correos electrónicos.

Autoridades Certificadoras (CA)

Una **Autoridad de Certificación (AC)** es una entidad de confianza que se encarga de emitir y gestionar certificados electrónicos. Estos certificados permiten identificar digitalmente a personas, empresas o dispositivos, garantizando la **autenticidad, integridad y confidencialidad** de las comunicaciones en entornos digitales.

El papel principal de una AC es actuar como un intermediario confiable que verifica la identidad de los usuarios (ya sean personas o entidades) y emite un certificado que valida dicha identidad.

Diferencia entre Firmas Digitales y Firmas Electrónicas:

Firma Electrónica: Es un término amplio que incluye cualquier método electrónico para firmar un documento, por ejemplo: Escanear una firma manuscrita y añadirla a un documento PDF. Su Validez: Varía según el nivel de seguridad.

Firma Digital: Es un tipo de firma electrónica basada en criptografía de clave pública donde se garantiza la autenticidad, la integridad y el no repudio. Siempre requiere un certificado digital.

En el siguiente apartado veremos más ampliamente la firma digital. Realizar trámites online ahorra tiempo y quebraderos de cabeza. Y, para muchos de ellos, el certificado digital puede ser un gran aliado.

PRIMERA PARTE

Gran parte de nuestra actividad diaria, tanto laboral como personal, se desarrolla en un entorno digital. Y lo mismo ocurre en nuestra relación con las Administraciones Públicas.

En este contexto, conviene contar con herramientas que aporten seguridad a las acciones que realizas digitalmente y que te ayuden a ahorrar tiempo y con papeleos en tus gestiones diarias.

Ahí es donde aparece la figura de los certificados digitales, expedidos en nuestro país por organismos oficiales que permiten verificar tu identidad real ante las Administraciones Públicas y realizar trámites con ellas. Por ejemplo, entre otros trámites, puedes solicitar al momento el borrador de la renta y presentar la declaración, pedir la vida laboral a la Seguridad Social, tramitar ayudas públicas como también conocer cuántos puntos tienes en el carné de conducir.

Quiero comentarte que para firmar digitalmente y que sea reconocida como tal, necesitas un certificado como bien hemos dicho. Pero qué es una Firma digital.

¿QUÉ ES UNA FIRMA DIGITAL?

La Firma Digital es un conjunto de datos electrónicos que están asociados a un documento electrónico y su función es:

- Autenticidad: Identificar al firmante y en qué fecha se firmó.

- Integridad: Que no ha sufrido modificaciones o alteraciones.

- No repudio: Como los parámetros de la firma electrónica son únicos y exclusivos lo que hace que no se pueda decir que no ha firmado dicho documento.

Las firmas electrónicas son legalmente vinculantes y admisibles como pruebas válidas ante cualquier tribunal.

Tipos de Firmas Electrónicas (según la normativa)

- **Firma electrónica simple**: La firma electrónica simple es fácil y rápida ya que no se trata de un trazo como tal, sino que consiste en marcar una casilla o introducir un código PIN. Esta es muy rápida de configurar, sin embargo, la validez legal en estos casos no está asegurada ya que no permite identificar al usuario de forma inequívoca. El usuario solo tiene que hacer clic en el botón de «Aceptar términos y condiciones» para mostrar su conformidad con el documento.

- **Firma electrónica avanzada**: La firma electrónica avanzada asegura la verificación de la identidad e integridad de los datos firmados. Además, es una evidencia jurídica admisible como prueba en un juicio.

- **Firma electrónica cualificada**: La firma electrónica cualificada (también denominada firma reconocida) ofrece un nivel de seguridad alto, su uso necesita disponer de un certificado cualificado de firma electrónica (DNIe) y de un dispositivo seguro de creación de firma cualificado.

La ley nos dice que la única que puede ser considerada equivalente a la firma manuscrita es la firma cualificada o reconocida.

Has de tener en cuenta que, para aportar la documentación en un trámite judicial, has de aportar la documentación en papel físico y en soporte digital como es el DVD o USB.

Usos Comunes de Firmas Digitales

- Contratos electrónicos.
- Documentos legales.
- Procesos administrativos y fiscales.

¿Qué es un Certificado Electrónico?

Un certificado electrónico es un documento digital que sirve para identificar de manera segura a una persona, empresa o entidad en el entorno digital. Es emitido por una Autoridad de Certificación (AC) y tiene el mismo valor que un documento de identidad tradicional (como un DNI o pasaporte) en los entornos electrónicos. Este certificado permite realizar transacciones y comunicaciones de forma segura y con validez legal.

Información contenida en un certificado:

- Nombre del titular.
- Autoridad certificadora (CA).
- Fecha de emisión y expiración.
- Clave pública del titular.

Ahora trataré de explicaros lo que hace esta tecnología para que haga que sea veraz e invulnerable y muy segura.

El contenido del certificado para que no se pueda vulnerar está cifrado y encriptado.

Hay dos tipos de cifrado:

- Cifrado simétrico en el que se utiliza la misma contraseña para cifrar y descifrar.

- Cifrado asimétrico en el que se utiliza una contraseña simétrica que se comparte con todos (pública) para cifrar y una contraseña privada que se utiliza para descifrar.

En el certificado digital el cifrado es asimétrico. Para gestionar las contraseñas (pública y privada) que hay dentro de un certificado se utiliza un código llamado hash que es un algoritmo que encripta la información para proteger la contraseña del usuario y asegurar que ésta nunca se almacene en formato de texto sin cifrar en una base de datos.

Normalmente se utiliza el algoritmo de 256 bits. Los algoritmos hash criptográficos producen códigos hash irreversibles y únicos. Cuanto mayor sea el número de posibles códigos hash, menor será la probabilidad de que dos valores creen el mismo hash.

Para tratar de entenderlo os pongo un ejemplo de lo que hace esta tecnología cuando queremos firmar un documento:

- Se genera un hash del mensaje (por ejemplo, SHA-256).

- El hash se cifra con la clave privada del remitente (esto es la firma digital).

El destinatario puede verificar la firma descifrando el hash con la clave pública del remitente. Si el hash descifrado coincide con el hash del mensaje recibido, la firma es válida.

Ejemplo Práctico:

Supongamos que Luisa firma digitalmente un contrato PDF y lo envía a José:

1. Luisa usa su clave privada para cifrar el hash del contrato y generar su firma digital.

2. José recibe el contrato, extrae la firma y el certificado de Luisa.

3. José usa la clave pública de Luisa para verificar que el documento:

- Fue firmado por Luisa.

- No ha sido alterado desde la firma.

Tipos de Certificados Electrónicos

En España los certificados digitales más habituales son:

Los que emite la Fábrica Nacional de Moneda y Timbre (FNMT), con carácter gratuito siempre que dispongas de un Documento Nacional de Identidad (DNI) o de un Número de Identidad Extranjero (NIE).

El asociado al DNI electrónico o DNIe, que gestiona la Dirección General de la Policía. Incorpora un chip al carné de identidad y, desde hace unos años, cuenta además con tecnología NFC de intercambio de datos.

Pero existen muchos tipos de certificados más, tanto personales como de servidores:

- Certificados Personales: Identifican a una persona física. Usos: Firmar documentos digitalmente, acceder a servicios públicos (Hacienda, Seguridad Social) o realizar trámites en línea.

• Certificados de Representante: Emitidos para personas que representan a una empresa o entidad. Usos: Firmar en nombre de la empresa o acceder a servicios en su representación.

• Certificados de Sello Electrónico: Identifican a una empresa como entidad jurídica, no a una persona. Usos: Garantizar la autenticidad de documentos emitidos por la empresa, como facturas electrónicas.

• Certificados para Servidores y Aplicaciones: Garantizan la seguridad en las conexiones a sitios web (por ejemplo, certificados SSL/TLS). Usos: Proteger la comunicación en línea (HTTPS).

• Certificados Cualificados: Ofrecen el nivel más alto de seguridad y validez legal. Son equivalentes a una firma manuscrita y están sujetos a normativas estrictas como el Reglamento eIDAS.

¿Para Qué Sirve un Certificado Electrónico?

Es habitual asociar el certificado digital a trámites relacionados con las Administraciones Públicas, como la liquidación de impuestos, la solicitud del padrón municipal, el pago de multas o la firma electrónica de documentos.

Asimismo, el certificado digital facilita que puedas recopilar cómodamente documentos oficiales para que puedas realizar diferentes trámites.

Certificado digital e hipoteca

La firma de una hipoteca con una entidad bancaria lleva aparejada la necesidad de proporcionar determinada documentación, que puedes conseguir de forma sencilla con un certificado electrónico. Entre estos documentos, puedes necesitar tu última declaración de la renta o el informe de tu vida laboral. Pero, además, también puedes tener acceso a una nota simple en el Registro de la Propiedad, de manera que te asegures de que el inmueble que vas a comprar pertenece realmente al vendedor y de posibles cargas (hipotecas, embargos, etc.) que pudiera tener.

Por ejemplo, a la hora de solicitar los avales ICO para primera vivienda, el certificado digital facilita la obtención de algunos datos necesarios, como el padrón o tu última declaración de la renta, para justificar que cumples los requisitos exigidos.

Trámites

¿Cuántas veces un trámite te ha llevado a realizar otro? Un proceso a priori sencillo puede demorarse más de lo previsto si necesitas presentar ciertos documentos.

Por ejemplo, si has cambiado de domicilio, cuando te toque renovar el DNI tendrás que presentar un volante de empadronamiento de tu ayuntamiento. Quizá lo tengas ya, pero no será válido si no se ha expedido con una antelación máxima de tres meses.

Si tienes certificado digital, puedes reaccionar a tiempo, ya que puedes obtener documentación oficial actualizada y sin desplazarte.

Certificado digital y declaración de la renta

Te será muy sencillo presentar tu declaración de la renta o de solicitar el borrador a través del certificado electrónico en la Web de la Agencia Tributaria.

Certificado digital para solicitar ayudas y otras subvenciones

¿Quieres solicitar una ayuda para el alquiler? ¿Una subvención para la rehabilitación energética de tu vivienda? ¿O para mejorar la accesibilidad?

Hoy por hoy puedes solicitar ayudas y subvenciones en las sedes electrónicas de numerosos organismos. En ellas, si tienes certificado electrónico o DNIe, puedes firmar y enviar directamente tu solicitud con la documentación necesaria, revisar el estado de la tramitación y recibir la resolución.

Ventajas del Certificado Electrónico

El uso de la firma electrónica tiene numerosas ventajas para los particulares, especialmente en seguridad y ahorro de tiempo. Aquí te detallo las principales:

Ahorro de tiempo y conveniencia: Firmas desde cualquier lugar: No necesitas desplazarte físicamente para firmar documentos. Puedes hacerlo desde tu ordenador o dispositivo móvil. Procesos más rápidos: Los trámites que antes requerían días (como enviar documentos por correo) se realizan en minutos.

Reducción de costes: Ahorro en papel y tinta: No necesitas imprimir ni escanear documentos. Menos costes de envío: gastos postales o de mensajería para enviar documentos físicos.

Mayor seguridad: Muchas firmas electrónicas incluyen certificados digitales que garantizan la identidad del firmante. Los documentos firmados electrónicamente están protegidos contra modificaciones, lo que los hace más seguros que los físicos. Se generan logs de auditoría que registran quién, cuándo y cómo se firmó un documento.

Validez legal: Reconocida por la ley. Esto permite usarlas en contratos, acuerdos de alquiler, autorizaciones, etc.

Acceso a servicios en línea: Muchos servicios y trámites gubernamentales o privados ya requieren o aceptan firmas electrónicas (por ejemplo, contratos de empleo, acuerdos bancarios, o autorizaciones médicas).

Sostenibilidad: Ayudas al medio ambiente al evitar el uso de papel y tinta. Reducir envíos físicos también disminuye el impacto ambiental.

Facilidad de uso: Las plataformas son intuitivas, permitiendo a los particulares firmar documentos sin conocimientos técnicos avanzados.

Multiplataforma y flexibilidad: Funciona en ordenadores, tabletas o smartphones. Puedes usarla en diferentes servicios, como aplicaciones bancarias, plataformas de alquiler de propiedades o sistemas de recursos humanos.

A todo esto, si eres un autónomo o empresa le puedes añadir estas ventajas:

Incremento de la productividad: Los empleados pueden dedicar menos tiempo a tareas repetitivas y más a actividades estratégicas. Los equipos pueden firmar y aprobar documentos de forma simultánea, incluso desde diferentes ubicaciones. Los clientes no tienen que imprimir, firmar y escanear documentos, lo que mejora su percepción de la empresa.

Escalabilidad: Las empresas pueden manejar múltiples contratos o acuerdos simultáneamente sin cuellos de botella. Las plataformas de firma electrónica se ajustan a las necesidades de la empresa, desde pequeñas empresas hasta corporaciones globales.

Integración con sistemas empresariales: Las plataformas de firma electrónica se integran con software de uso común, como:

- CRM (Salesforce, HubSpot).

- ERP (SAP, Oracle).

- Herramientas de colaboración (Microsoft Teams, Google Workspace).

- Plataformas específicas de recursos humanos, ventas, o gestión de contratos.

Competitividad en el mercado: Agilidad para cerrar negocios: Firmar documentos rápidamente permite a la empresa cerrar acuerdos antes que la competencia. Los clientes y socios comerciales perciben a la empresa como innovadora y eficiente.

Acceso global: La firma electrónica elimina barreras geográficas, permitiendo trabajar con clientes y socios en cualquier parte del mundo. Las plataformas adaptadas aseguran que las firmas cumplan con las leyes locales en cada país.

¿Cómo Obtener un Certificado Electrónico?

El certificado digital más utilizado es el que expide la FNMT y, para ello, basta con seguir los pasos de su página web o su app para obtener el certificado electrónico de ciudadano o certificado digital de persona física.

El proceso de solicitud se puede llevar a cabo tanto en un ordenador personal como desde el propio móvil. Hasta hace poco, era obligatorio acreditar tu identidad de forma presencial en alguna de las oficinas autorizadas, pero ahora existe la posibilidad de realizar todo el proceso online.

Pasos para pedir el certificado digital en la FNMT

Hay cuatro formas de obtenerlo:

- Certificado con vídeo identificación. Previamente tienes que haber instalado en tu ordenador el software de la FNMT necesario para la generación de claves y, una vez tengas el código de solicitud, tienes que grabar con la cámara de tu móvil tu DNI por ambas caras y tu propia cara con un vídeo selfie. Un sistema de biometría facial verifica que eres tú. Ten en cuenta que esta opción tiene un pequeño coste.

- Certificado con acreditación presencial en una oficina. En este caso, además de realizar la solicitud online y la instalación del software para la generación de claves, tienes que presentarte en una oficina de registro.

- Vía app. Si te descargas la aplicación de la FNMT en tu móvil, puedes realizar la solicitud y completar el proceso con acreditación por video identificación o presencial.

- Con DNI electrónico. Además de instalar el software de la FNMT, necesitarás un lector de DNI electrónico para acreditar tu identidad sin desplazarte a una oficina de registro.

Otros sistemas para realizar trámites online

DNIe

El certificado del DNI electrónico o DNIe es mucho más fácil de obtener, ya que en la propia comisaría de la Policía Nacional hay unas máquinas en las que se puede activar el chip que tienes en tu carné de identidad.

Sin embargo, es una alternativa al certificado digital menos operativa, dado que para utilizarla tienes que contar necesariamente con un lector de tarjetas compatible o con el NFC del móvil para DNIe posterior a 2015.

Sistema Cl@ve

Se trata de un sistema que complementa al certificado electrónico y al DNIe y que está planteado para unificar y simplificar el acceso digital de los ciudadanos a los servicios públicos. Sirve para garantizar que eres tú quien accede a tu información.

Existen tres niveles de este sistema:

- Cl@ve PIN (clave temporal para un uso único).

- Cl@ve permanente (para personas que necesitan acceder frecuentemente a los servicios electrónicos de la Administración).

- Cl@ve firma (para realizar firmas electrónicas).

Herramientas y Software para Firmas Digitales

Existen muchas herramientas y software dedicados a facilitar la implementación de firmas electrónicas en procesos personales y empresariales. Estas plataformas ofrecen diferentes funcionalidades según el tipo de usuario, las necesidades legales y los flujos de trabajo requeridos.

Principales Herramientas de Firma Electrónica

AutoFirma: es una herramienta oficial para la firma digital, desarrollada por el Ministerio de Asuntos Económicos y Transformación Digital de España. Es ampliamente utilizada en el ámbito administrativo y gubernamental para firmar documentos digitalmente y realizar trámites en línea.

Características clave:

- Firma electrónica avanzada: Compatible con certificados digitales emitidos por entidades como la FNMT, Camerfirma, o certificados expedidos por autoridades certificadoras reconocidas.

- Admite múltiples formatos de firma (XAdES, CAdES, PAdES).

- Compatibilidad multiplataforma: Disponible para Windows, macOS y Linux.

- Firmas en documentos PDF y otros formatos: Permite firmar documentos en PDF, XML, TXT, etc.

- Usabilidad con Administraciones Públicas: Es imprescindible para realizar trámites digitales con administraciones españolas, como la Agencia

Tributaria, la Seguridad Social, SEPE, y otros portales gubernamentales.

- Multifirma: Permite firmar un mismo documento varias veces o por varios usuarios.

- Seguridad y trazabilidad: Garantiza la autenticidad e integridad de los documentos firmados. Utiliza estándares avanzados de seguridad.

- Gratuita y de código abierto: Puede descargarse gratuitamente desde el portal oficial del Ministerio y su código está disponible para revisión.

DocuSign: Líder mundial en firmas electrónicas, ampliamente utilizado por empresas de todos los tamaños.

Características clave:

- Firma electrónica segura y certificada.

- Trazabilidad y auditoría de los documentos.

- Integraciones con sistemas como Salesforce, Google Workspace, Microsoft 365.

- Cumplimiento con normativas como eIDAS, ESIGN Act y UETA.

Ideal para: Empresas que buscan flexibilidad, integración con otros sistemas y procesos seguros.

Adobe Sign: Parte de Adobe Acrobat, es una solución robusta y fácil de usar.

Características clave:

- Firma digital avanzada y cualificada.

- Integración con Adobe Acrobat para trabajar directamente en PDFs.

- Compatible con Microsoft Teams, Salesforce, Workday, y más.

- Cumple con regulaciones legales internacionales.

Ideal para: Empresas que ya utilizan Adobe Acrobat o necesitan gestionar grandes volúmenes de PDFs.

SignNow: Plataforma económica y fácil de usar para empresas pequeñas y medianas.

Características clave:

- Firma electrónica básica y avanzada.

- Flujos de trabajo personalizables.

- Colaboración en tiempo real.

- Integraciones con aplicaciones como Google Drive y Salesforce.

Ideal para: Pymes que buscan una solución accesible y funcional.

HelloSign: Propiedad de Dropbox, es conocida por su simplicidad y facilidad de uso.

Características clave:

- Flujos de firma electrónica simples y rápidos.

- Integración nativa con Dropbox y Google Workspace.

- Herramientas de personalización para contratos y documentos.

Ideal para: Freelancers, startups y usuarios que buscan simplicidad.

PandaDoc: Más allá de la firma electrónica, ofrece herramientas para crear y gestionar contratos.

Características clave:

- Generación de propuestas y contratos.

- Firma electrónica integrada.

- Análisis de documentos y seguimiento de estados.

- Integración con herramientas de ventas como HubSpot o Salesforce.

Ideal para: Equipos de ventas y empresas centradas en gestión de contratos.

eSignatures.io: Solución sencilla diseñada para contratos recurrentes y automatización.

Características clave:

- Firma electrónica simple y rápida.

- Precios basados en el número de documentos firmados.

- Orientado a contratos legales y comerciales.

Ideal para: Pequeñas empresas y autónomos con necesidades específicas.

Zoho Sign: Parte de la suite Zoho, enfocada en la integración con otros servicios empresariales.

Características clave:

- Firma electrónica legalmente vinculante.

- Integración con Zoho CRM, Zoho Docs y más.

- Compatible con otras aplicaciones como Google Drive.

Ideal para: Usuarios que ya utilizan productos de la suite Zoho.

Kofax SignDoc: Solución avanzada para firmas electrónicas en empresas grandes.

Características clave:

- Compatible con firmas avanzadas y cualificadas.
- Altos estándares de seguridad.
- Personalización y escalabilidad.

Ideal para: Empresas grandes o sectores con altos requisitos de seguridad (como finanzas y salud).

OneSpan Sign (antes eSignLive): Solución de nivel empresarial enfocada en la seguridad y el cumplimiento normativo.

Características clave:

- Herramientas de firma digital avanzada.
- Cumplimiento estricto de normativas globales.

Ideal para sectores regulados como banca, salud y gobierno.

Notarize: Solución que combina firmas electrónicas con notarización en línea.

Características clave:

- Firma electrónica certificada por un notario.
- Cumple con regulaciones de notarización remota.

- Disponible 24/7.

Ideal para: Procesos legales y notarización de documentos.

Factores para elegir una Herramienta de Firma Electrónica

Al elegir un software de firma electrónica, ten en cuenta:

- Cumplimiento normativo: Asegúrate de que cumpla con las regulaciones locales (eIDAS, ESIGN, UETA).

- Seguridad: Busca cifrado, certificados digitales y trazabilidad.

- Facilidad de uso: Prioriza plataformas intuitivas para todos los usuarios.

- Integraciones: Confirma que sea compatible con las herramientas que ya usas (CRM, ERP, almacenamiento en la nube).

- Coste: Evalúa el costo en relación con las necesidades de tu empresa.

- Escalabilidad: Asegúrate de que pueda crecer junto con tus operaciones.

Ventajas Comunes de Estas Herramientas:

- Mayor agilidad en procesos de negocio.

- Experiencia optimizada para clientes y colaboradores.

- Reducción de errores humanos.

- Seguridad y validez legal garantizadas.

¿QUÉ ES UNA FACTURA ELECTRÓNICA?

Una factura electrónica es un documento digital que cumple las mismas funciones legales y fiscales que una factura en papel, pero se emite, recibe y almacena en formato electrónico. Este tipo de factura está diseñado para facilitar la gestión administrativa, reducir costos, mejorar la eficiencia y cumplir con la normativa fiscal vigente.

Características principales de la factura electrónica

Formato digital:

Se genera y transmite en formatos como XML, FacturaE, PDF con firma electrónica, UBL, entre otros.

El formato FacturaE es el estándar en España, definido por el Ministerio de Hacienda.

Firma electrónica:

Contiene una firma electrónica avanzada o cualificada basada en un certificado digital. Esto garantiza su autenticidad (el emisor es quien dice ser) e integridad (el contenido no ha sido alterado).

Recepción y almacenamiento:

Los destinatarios pueden recibirlas mediante correo electrónico, plataformas específicas o sistemas integrados.

Deben ser almacenadas electrónicamente por el tiempo establecido por la normativa fiscal (normalmente 4 años).

Ventajas de la factura electrónica

- Reducción de costos: Ahorro en papel, tinta, impresión y envío.

- Agilidad en el proceso: Más rápido emitir, enviar y recibir una factura.

- Seguridad: La firma electrónica garantiza la validez y autenticidad del documento.

- Cumplimiento legal y fiscal: Simplifica la gestión tributaria y evita sanciones por errores en facturas.

- Sostenibilidad: Menor impacto ambiental al eliminar el papel.

- Facilidad de almacenamiento y consulta: Los documentos pueden organizarse y consultarse fácilmente en sistemas digitales.

Componentes básicos de una factura electrónica

- Datos del emisor:

- Nombre, CIF/NIF, domicilio fiscal.

- Datos del receptor:

- Nombre, CIF/NIF, domicilio fiscal.

- Número de factura y fecha.

- Descripción de bienes o servicios prestados.

- Importes y desglose del IVA u otros impuestos aplicables.

- Base imponible y total de la factura.

- Firma electrónica (en su caso).

¿Cómo puedo verificar un documento firmado?

Si recibimos un documento firmado nos interesa validar la firma, es decir, comprobar que los datos firmados se corresponden con los originales, que el certificado con el que se ha firmado es válido y que la estructura del fichero es correcta.

Podemos comprobar la validez de la firma de un documento, ver quién es el firmante y el documento firmado en la web VALIDe, que es un servicio online ofrecido por el Ministerio de Política Territorial y Función Pública para la validación de Firmas y Certificados electrónicos.)

Seguridad y Buenas Prácticas

Los riesgos más comunes son:

- La Suplantación de identidad.

- La Falsificación de documentos.

- La Caducidad de certificados: Los certificados tienen una caducidad de 2 años desde la fecha de emisión del certificado, por lo que se ha de a través de los Puntos de Actualización del DNIe, además requerirá la personación previa del ciudadano ante un funcionario de la Oficina de Expedición.

Cómo Garantizar la Seguridad

Para recordar tus contraseñas puedes utilizar un gestor de contraseñas seguros como por ejemplo la herramienta Keepass.

También puedes utilizar un HSM que es un dispositivo físico (por ejemplo, un chip, tarjeta o USB) que proporciona seguridad adicional para datos confidenciales. Este tipo de dispositivo se utiliza para proporcionar claves criptográficas para funciones críticas como el cifrado, el descifrado y la autenticación para el uso de aplicaciones, identidades y bases de datos.

El uso de un **HSM (Hardware Security Module)** es una de las mejores prácticas para garantizar la seguridad en la gestión y protección de claves privadas, que son esenciales en la infraestructura de clave pública (**PKI**) y otros sistemas criptográficos.

Y si eres una empresa realiza auditorías de tus sistemas.

Respuesta ante Problemas

Si has detectado vulnerabilidades solicita la revocación de tu certificado.

La revocación de un certificado digital es un proceso crítico en la gestión de la infraestructura de clave pública (PKI), que asegura que los certificados inválidos ya no puedan ser usados.

Un certificado puede ser revocado por diversas razones, generalmente relacionadas con la seguridad, la confianza o el incumplimiento de las políticas de uso. A continuación, detallo las razones principales:

- Compromiso de la clave privada del firmante: Si la clave privada del titular del certificado (ya sea una persona o una entidad) es robada, perdida, expuesta o de alguna manera comprometida, el certificado debe ser revocado inmediatamente.

- Riesgo: Un atacante podría usar la clave comprometida para realizar actividades maliciosas, como firmar documentos o cifrar comunicaciones haciéndose pasar por el titular legítimo.

- Información incorrecta o cambios en los datos del certificado: Si la información contenida en el certificado (nombre, dirección, dominio, etc.) es incorrecta o ya no es válida, el certificado debe ser revocado.

- Incumplimiento de las políticas de uso: Si el certificado es utilizado para propósitos no autorizados o en violación de las políticas de la Autoridad de Certificación (CA), esta puede revocarlo.

- Compromiso o falla en la Autoridad de Certificación (CA): Si la CA que emitió el certificado sufre un ataque, se ve comprometida o deja de cumplir con las regulaciones, los certificados emitidos por ella pueden ser revocados.

- Pérdida de control sobre el dispositivo o sistema asociado: Si el titular del certificado pierde acceso o control sobre el dispositivo que almacena su clave privada (por ejemplo, un token físico, un servidor o una computadora), el certificado debe ser revocado.

- Caducidad anticipada del certificado: En algunos casos, un certificado puede ser revocado antes de su fecha de expiración oficial debido a razones comerciales, técnicas o legales.

- Solicitud del titular del certificado: El titular puede solicitar la revocación del certificado por motivos propios, como ya no necesitarlo o querer emitir uno nuevo con datos actualizados.

• Vulnerabilidades en algoritmos o estándares criptográficos: Si se descubre una vulnerabilidad en el algoritmo utilizado por el certificado (por ejemplo, RSA de menor longitud o SHA-1), los certificados que lo empleen pueden ser revocados para garantizar la seguridad.

¿Qué sucede cuando un certificado es revocado?

Publicación en una CRL (Lista de Revocación de Certificados):

• Una CA publica periódicamente una lista de certificados revocados, conocida como CRL.

• Los clientes (navegadores, aplicaciones) consultan estas listas para verificar si un certificado sigue siendo válido.

Consulta mediante OCSP (Protocolo de Estado de Certificados en Línea):

• Es una alternativa más rápida y eficiente a las CRL.

• Los clientes consultan directamente a la CA para verificar el estado de un certificado.

¿Dónde se consulta OCSP?

En el propio certificado digital:

Los certificados digitales suelen incluir la URL del servidor OCSP en su campo de extensión.

Por ejemplo, en un certificado X.509 (como los usados en SSL/TLS), encontrarás una URL del tipo: http://ocsp.ejemplo-ca.com

Esta URL es el endpoint del servidor OCSP, donde puedes realizar las consultas.

A través de un navegador web:

Los navegadores modernos, como Google Chrome, Firefox, y Microsoft Edge, realizan consultas OCSP automáticamente al cargar un sitio web con un certificado SSL/TLS.

Si el certificado está revocado, el navegador muestra una advertencia como: "El certificado ha sido revocado por la Autoridad de Certificación."

Con herramientas específicas:

Puedes usar herramientas y comandos para consultar OCSP manualmente, como:

OpenSSL: Realiza consultas directas a servidores OCSP.

Certutil: Herramienta de Windows para gestionar certificados.

SEGUNDA PARTE

Vamos ahora hablar de otro tipo de seguridad que tiene que ver con la criptografía y es muy útil para navegar por internet de forma segura.

¿QUÉ ES UNA VPN?

Una VPN es una tecnología que permite crear una conexión segura y cifrada entre tu dispositivo (como un teléfono, computadora o tablet) y una red externa a través de Internet. Es como un "túnel virtual" que protege tus datos y oculta tu actividad en línea.

¿Para qué sirve una VPN?

Una VPN oculta tu dirección IP (tu identidad en la red) y encripta tu conexión. Esto dificulta que terceros, como hackers o incluso tu proveedor de internet, puedan rastrear lo que haces en línea.

Si usas una red Wifi pública (por ejemplo, en un café o aeropuerto), los datos que envías y recibes pueden ser interceptados fácilmente. Una VPN cifra esta información para que no sea legible por atacan-tes.

Muchas plataformas como Netflix, YouTube o servicios locales bloquean contenido según la región. Una VPN te permite simular que estás en otro país y acceder a contenido restringido.

Las empresas usan VPNs para permitir a sus empleados acceder de forma segura a redes privadas corporativas desde cualquier lugar.

En algunos países con restricciones en internet, las VPNs permiten acceder a sitios web bloqueados por los gobiernos.

¿Cómo funciona una VPN?

Cuando te conectas a una VPN, tu dispositivo envía el tráfico de internet a través de un servidor VPN en lugar de conectarse directamente a los sitios web o servicios. Este servidor VPN cifra tus datos y los envía al destino final (por ejemplo, un sitio web).

Como resultado tu dirección IP real queda oculta. Los datos están cifrados, lo que significa que, si alguien los intercepta, no podrá leerlos.

Tipos de VPN

VPN de acceso remoto: Permite a usuarios individuales conectarse a una red privada (por ejemplo, empleados que acceden a los recursos de la empresa desde casa).

VPN de sitio a sitio: Conecta dos redes privadas de diferentes ubicaciones, por ejemplo, sucursales de una empresa.

VPN personales: Son servicios VPN que cualquier usuario puede usar para proteger su privacidad o acceder a contenido restringido.

Ventajas:

- Privacidad y seguridad mejoradas.

- Acceso a contenido global sin restricciones.

- Protección en redes públicas.

Desventajas:

- Velocidad de conexión más lenta (debido al cifrado y al enrutamiento adicional).

- Algunas VPNs gratuitas pueden ser inseguras o vender datos de usuarios.

- No protege completamente de todas las amenazas (por ejemplo, malware o phishing).

Un paso más: nueva tecnología a partir de la criptografía.

Al comenzar a escribir este manual solamente era para ayudar a las personas y a las pequeñas empresas a conocer lo que el certificado digital puede hacer para mejorar sus vidas, pero entendí que debemos que dar un paso más y avanzar con la tecnología que tenemos hoy en día.

Dar unas pinceladas sobre la tecnología que tenemos al alcance que se basa en la criptografía.

Mi meta es que conozcas tecnologías seguras. Todo nace de la ciberseguridad.

El futuro es hoy, en esta parte de este manual hablaremos de la Blockchain, de NFTs, de smarts contracts, préstamos DeFi y las criptomonedas.

Es una tecnología que está al alcance de todos y las podemos utilizar para algunos de los procesos que tenemos en nuestro día a día, por ejemplo, un contrato antes era en papel y ahora es digital y cuenta con las mismas garantías e incluso más infalibles y democráticas para ejecutar un contrato cualquiera.

Dentro de nada veremos la criptomoneda como moneda de curso legal, ya hay dos países que lo tienen y son El Salvador y República Centro Africana. La criptomoneda más conocida es la Bitcoin basada en tecnología Blockchain, pero hay muchas más. Son digitales y tienen naturaleza de intangibles como puede ser el capital humano de una empresa, están descentralizadas, no necesitan de un servidor central para realizar transacciones, están encriptadas y sus poseedores tienen unos códigos especiales imposibles de replicar.

Los bloques de la web 3.0 incluyen sistemas de intercambio de valor descentralizados y a prueba de falsificaciones. Respetan la privacidad de los participantes cuyas normas están consensuadas en sus protocolos, sin favoritismos ni necesidad de árbitros.

Te animas a seguir avanzando… ¡Vamos a ello!

TERCERA PARTE

QUE ES EL BLOCKCHAIN:

Seguro que has oído hablar de la Blockchain y si no es así, seguro que el término criptomonedas sí. Las criptomonedas se basan en esta tecnología. Todas las herramientas digitales que vamos a hablar a partir de esta sección están basadas en esta tecnología, desde las finanzas descentralizadas sin intermediarios pasando por los NFT y los contratos inteligentes hasta las criptomonedas.

Blockchain fundamentos de la tecnología:

Básicamente la Blockchain es una base de datos que está distribuida y se organiza en bloques enlazados y asegurados por criptografía.

Cada bloque contiene un conjunto de transacciones que están verificadas y tiene un hash del bloque anterior, lo que garantiza la integridad y la inmutabilidad de la propia cadena.

La seguridad y la transparencia es lo que más caracteriza a la blockchain. Al ser un libro mayor descentralizado cada nodo de la red tiene una copia completa de la blockchain y cualquier cambio tiene que ser consensuado por la mayoría de los nodos, esto se hace a través del protocolo de consenso y hace que sea muy difícil modificar los datos cuando ya están registradas.

Dicho de otro modo, es una base de datos cuya contabilidad donde se lleva a cabo a través de un libro de registros digital (digital ledger) con una estructura segura de la información que está recogida (gracias a la criptografía de dos factores por usuario: una clave pública y otra clave privada) y distribuida entre todos los participantes.

Es una tecnología de persona a persona P2P. Los usuarios son custodios del sistema, realizando transacciones sin depender de un intermediario. Cada "bloque" contiene datos, un sello de tiempo y un enlace al bloque anterior, formando una cadena continua.

Vamos a poner un ejemplo con una empresa de alimentación y su cadena de suministros para que se comprenda mejor:

Esta empresa va a utilizar una Blockchain para comprobar el origen de sus suministros, en cada producto que pasa por cada etapa de la cadena de suministros, se registra una nueva transacción en la Blockchain, por ejemplo un trozo de carne se corta en filetes y se envasa, esto lo que asegura que todas las partes involucradas en el proceso registren y verifiquen el origen y la autenticidad del producto en cada etapa del proceso, por lo que reduce el riesgo de fraudes y aumenta la transparencia del proceso.

Esta tecnología es la base de las criptomonedas como Bitcoin y Ethereum, pero su uso se extiende mucho más allá.

En definitiva, la Blockchain es un sistema de confianza basado en criptografía y democracia. Es una tecnología que busca justicia, equidad y libertad.

Características clave de la Blockchain:

- Descentralización: No hay una autoridad central controlando la red; los datos están distribuidos en muchos nodos (computadoras) en todo el mundo.

- Transparencia: Todos los participantes pueden ver las transacciones registradas (en blockchains públicas).

- Inmutabilidad: Una vez que los datos se graban en la cadena, no pueden ser alterados.

- Seguridad criptográfica: Usa criptografía para garantizar que las transacciones sean seguras y auténticas.

Vamos a dividir a los **participantes de la Blockchain**:

- **Observadores**: Se descargan una copia de la Blockchain a su equipo y pueden revisar las transacciones. No son imprescindibles para el funcionamiento.

- **Usuarios**: son los que llevan a cabo las transacciones entre usuarios de forma anónima y se identifican mediante clave pública que va vinculada a su clave privada.

- **Mineros o Validadores**: El tipo de trabajo que realizan en la Blockchain varía según el mecanismo de consenso. Son imprescindibles para el funcionamiento de la Blockchain, validan la transacción y añaden un nuevo bloque a la red a cambio de una recompensa. Esta recompensa se obtiene en forma de tokens.

Beneficios del Blockchain:

- **Transparencia**: Todos los datos son accesibles públicamente (en cadenas públicas como Ethereum o Bitcoin).

- **Seguridad**: Las transacciones están protegidas por criptografía avanzada y la estructura distribuida reduce el riesgo de hackeo.

- **Inmutabilidad**: Esto lo hace ideal para registros de propiedad, votaciones electrónicas, contratos y auditorías.

- **Eficiencia**: Elimina intermediarios, lo que reduce costos y acelera procesos.

- **Globalización**: Funciona a nivel mundial, permitiendo transacciones entre personas en cualquier parte del planeta.

SMART CONTRACTS: CONTRATOS INTELIGENTES

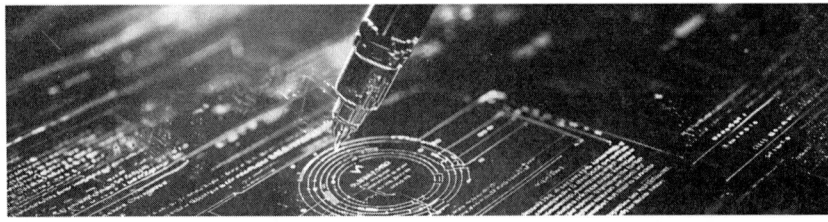

Son programas informáticos automáticos que se ejecutan en una Blockchain para gestionar los acuerdos que estén estipulados en el programa sin necesidad de intermediarios.

Se dicen que son inteligentes, no porque tengan inteligencia artificial, si no porque cumplen una serie de automatizaciones que se han programado anteriormente y se ejecutan según los parámetros establecidos previamente.

Son descentralizados ya que si cumplen ciertos parámetros preestablecidos con anterioridad se autoejecutan solos, no necesitan a nadie para ejecutar acciones siempre y cuando se cumplan esos parámetros.

Eliminan la necesidad de intermediarios, bajan los costes y sobre todo tiempos de transacción garantizando el cumpliendo de los parámetros establecidos.

En definitiva, los smarts contracts, son un contrato como otro cualquiera, pero en lugar de estar escritos en papel, están codificados en un lenguaje de programación. Una vez desplegados en la Blockchain, su ejecución es automática, transparente e inmutable.

Os pondré un ejemplo con el alquiler de una vivienda en el que se ejecuta el pago del alquiler a través de un contrato inteligente basado en una Blockchain. Cuando arrendamos una vivienda firmamos un contrato que tiene unas premisas que se han de cumplir, el inquilino paga en criptomonedas, por ejemplo con Bitcoin que tuviera la paridad de un bitcoin un euro, una vez el pago se verifica, este smart contract se ejecuta y automáticamente transfiere el acceso propiedad automáticamente al inquilino a través de una puerta domotizada (accesos remotos a través por ejemplo de una aplicación móvil sin necesidad de llave) y se revoca el acceso a la propiedad en cuanto finaliza en contrato.

Además, los smart contracts tienen la capacidad de administrar criptoactivos digitales, sujetos a un determinado valor económico, por lo que en realidad los contratos inteligentes pueden gestionar dinero. El líder de estos contratos es de la empresa Ethereum.

Para entender todo el enorme potencial que nos da los contratos inteligentes tenemos que comprender la funcionalidad que nos dan los llamados "oráculos" que son los que permiten que un smart contract pueda interactuar con el mundo real, permite crear un puente entre el mundo criptográfico y el físico, con el fin de crear utilidades que aprovechen al máximo la tecnología Blockchain y los smart contracts ya que estos solo puedes obtener información y acceder a datos que estén dentro de la misma red.

Estos oráculos, es un servicio que envía y verifica información del mundo real que sea relevante para una Blockchain o un smart contract. Son piezas de código que sirven para verificar lo que hay entre el mundo real y el virtual.

**Un contrato inteligente
por ejemplo en un préstamo garantiza:**

- Que el prestamista siempre pueda retirar sus fondos.

- Que el prestatario no pueda tomar más del valor permitido (control del colateral).

- La liquidación automática si el valor del colateral cae por debajo de un umbral crítico.

Características principales

- **Automatización**: Ejecutan acciones automáticamente cuando se cumplen las condiciones programadas.

- **Descentralización**: Se almacenan en una red Blockchain, sin necesidad de intermediarios.

- **Inmutabilidad**: Una vez desplegados en la Blockchain, no pueden ser modificados.

- **Transparencia**: Todas las partes pueden ver las condiciones del contrato en la Blockchain.

- **Seguridad**: Están protegidos por las propiedades criptográficas de la Blockchain.

Una de sus aplicaciones más prometedoras que utiliza la tecnología Blockchain son las organizaciones autónomas descentralizadas, o DAO, que hablaremos en el siguiente apartado.

¿QUÉ ES UNA DAO?

Una DAO (Decentralized Autonomous Organization) es una organización gestionada colectivamente por sus miembros a través de contratos inteligentes en una

Blockchain, sin necesidad de intermediarios ni jerarquías tradicionales.

Aborda un reto que existe en casi todas las industrias y organizaciones, y no es otro que el dilema de agente principal ya que normalmente, en cualquier empresa, la toma de decisiones se ejecuta por un individuo o una entidad. Las DAO desempeñan un papel central en la mitigación de los problemas típicos asociados a este dilema.

Las DAO funcionan a través de unas reglas subyacentes definidas y codificadas en una serie de contratos inteligentes (smarts contracts). Por otra parte, necesitan financiación para poder operar.

Los contratos inteligentes de la DAO deben implicar la creación y distribución de alguna forma de propiedad interna, como un token que pueda ser gastado por la DAO, utilizado en sistemas de votación para incentivar ciertas actividades dentro del sistema. A partir de aquí se despliegan todas las decisiones que se toman a través de una votación de consenso. Como resultado todos los poseedores de los tokens se convierten en partes interesadas que pueden hacer propuestas sobre el futuro de la DAO y sobre cómo se gastan sus fondos a través de los contratos inteligentes.

Si éstos están bien diseñados, las partes interesadas de la DAO trabajarán de forma natural hacia el resultado más beneficioso para toda la red de la DAO, por lo tanto, la organización resultante puede funcionar independientemente de sus creadores o de cualquier autoridad central.

Como las DAO son de código abierto, es totalmente transparente, como utilizan los smarts contracts encriptados son totalmente inmutables y como su actividad es votada por todos sus miembros buscando lo mejor para cada uno; es un sistema más democrático.

Características clave de una DAO:

Las decisiones las toman los miembros mediante votaciones en las que cada persona tiene un voto proporcional a su participación en la organización (por ejemplo, tokens de gobernanza).

La DAO opera automáticamente siguiendo las reglas predefinidas en los contratos inteligentes. Esto garantiza que las decisiones sean transparentes y no puedan ser manipuladas.

No depende de una autoridad central o de individuos para funcionar. Las reglas de operación son transparentes y visibles para todos en la Blockchain.

Los participantes (que suelen tener tokens o NFTs relacionados con la DAO) son "propietarios" colectivos de la organización.

¿Qué hacen las DAOs?

Las DAOs se pueden usar para muchos propósitos, como, por ejemplo:

La Coordinación de comunidades que comparten intereses.

Gestionar fondos de inversión comunitarios, préstamos descentralizados o financiación colectiva.

Comprar obras de arte, gestionar propiedad intelectual o financiar artistas.

Supervisar la evolución de aplicaciones descentralizadas (dApps) y decidir su dirección futura.

Tokenización de activos reales con Blockchain

La Tokenización de activos es convertir derechos de propiedad sobre un archivo físico en tokens digitales que se van a registrar y gestionar a través de una Blockchain.

Estos tokens son una fracción de ese activo y pueden ser intercambiados de forma digital lo que ofrece nuevas posibilidades para la inversión y el comercio.

Os pondré un ejemplo: Tenemos un inmueble que está valorado en 1.000.000 de euros en lugar de vender el inmueble completo puedo emitir 1.000 tokens y cada uno representa una fracción del inmueble hasta completar el valor de éste. Ésto lo que hace, es que pequeños inversores puedan participar en el mercado inmobiliario sin necesidad de grandes sumas de dinero, teniendo una fracción de este inmueble, y si por ejemplo, este inmueble se alquila pueden obtener un tanto por ciento de la renta según los tokens que tengan.

Pasos para tokenizar activos:

- Identificación del activo, por ejemplo, una obra de arte.

- Emitir los tokens digitales que representan una parte del valor o el total de este activo.

- Estos tokens se gestionan a través de un smart contrarct que está registrado en una Blockchain, lo que le hace inmutable y transparentes para todo el mundo.

¿QUÉ SON LOS NFTS- NON FUNGIBLE TOKENS?

Los NFTs (Non-Fungible Tokens) son activos digitales únicos en blokchain. En su forma más básica son activos coleccionables digitales únicos, asegurados por una cadena de bloques. Esto dicho así no hay quien lo entienda, ¿verdad? Para intentar explicarme, vamos al mundo del coleccionismo, desde el clásico sello o moneda hasta las cosas más frikis como coleccionar muñecos o latas de cerveza. La gente colecciona cosas y quiere tener cosas únicas en el mundo físico, ahora además podemos coleccionar NFTs en el mundo digital, son "cosas digitales únicas".

El término no fungible significa que estos tokens son únicos y no pueden ser reemplazados por algo más. Por ejemplo, a diferencia de las criptomonedas como Bitcoin o Ethereum (fungibles) es igual una moneda que otra ya que tiene el mismo valor, pero cada NFT es único y no se puede intercambiar directamente por otro NFT de igual valor.

Los tokens no fungibles son activos criptográficos verificados y asegurados por la tecnología blockchain, que proporciona el origen, la propiedad, la singularidad y permanencia de un artículo en concreto por lo que tiene la capacidad de ser único e irrepetible. Gracias a la tecnología blockchain las propiedades de este tipo de token se pueden almacenar y, de esta manera, es posible certificar tanto la originalidad del activo como su propiedad. Esto se consigue mediante un smart contract y abre la posibilidad de comercializarlo.

La idea de los NFT, a menudo llamados nifties, surgió junto a la tecnología blockchain en 2014, pero no se popularizó hasta la aparición de la criptomoneda Ethereum, que incluía un sistema para la creación y almacenamiento de tokens no fungibles.

Los NFT tienen cuatro características principales: son únicos, indivisibles, transferibles y con capacidad de probar su escasez. Una de las claves para certificar dichas características y facilitar la interoperabilidad de estos activos en múltiples plataformas son los diversos estándares existentes, siendo el más utilizado el ERC-721, de Ethereum, y el más reciente el ERC-1155.

Las casas de subastas, por ejemplo, se posicionan para usar esta tecnología, así como artistas, deportistas o incluso gamers.

Cómo crearlos

Para crear un NFT basta con usar plataformas como OpenSea o Mintable, donde el artista sube el archivo digital y crea un smart contract asociado a él. En estas plataformas aparecen listados los NFT y a ellos pueden acceder los posibles compradores. Para comprar un NFT es necesario poseer una cuenta con criptomonedas, específicamente Ethereum, desde donde se realiza una transferencia al creador y a cambio se traspasa la propiedad.

Tipos de NFT: Activos digitales del futuro.

Los NFT son perfectos para el arte digital, de hecho, el mercado del arte es el que más uso está haciendo de ellos, pero hay muchos otros sectores apostando por esta tecnología. A continuación, repasamos algunos ejemplos:

Colecciones

Similares a las colecciones de cromos, pero en formato digital. Ten en cuenta que éstos no tienen que ser necesariamente arte digital en sí, también puede ser una fotografía digitalizada.

Por lo general pueden ser: Imágenes, videos, gif, audio, modelos 3D, libros, prosa y verso.

En 2021, una tarjeta NFT de un mate de LeBron James en la plataforma NBA Top Shot se vendió por 208.000 dólares.

Videojuegos

En 2023 había unos 3.100 millones de videojugadores en todo el mundo. Los NFT pueden utilizarse para representar activos en los videojuegos, como por ejemplo un terreno, un castillo o un arma virtual, que son propiedad del jugador. Los desarrolladores obtienen grandes beneficios al vender objetos exclusivos (diseños que van desde la ropa, armadura u objetos). Según la web Gods Unchained, en 2019 los jugadores se gastaron 87.000 millones de dólares en artículos dentro de los videojuegos.

Tarjetas o cartas coleccionables

Son como los cromos de toda la vida o las cartas de juegos tipo rol. Las tarjetas digitales de juegos coleccionables como los juegos de cartas coleccionables como por ejemplo las populares *Magic: The Gathering*, son cartas digitales NFT acuñadas por la red Ethereum donde se ganan, compran, intercambian y se venden. El hecho de que sean NFT hace que el jugador es realmente dueño de las cartas y pueda disponer de ellas como quiera.

Música

La tecnología blockchain permite a los músicos publicar su trabajo como NFT, en forma de ediciones limitadas, por ejemplo, y así monetizarlo. Durante la pandemia ha salvado los ingresos de muchos músicos.

Cine

Aunque menos habitual, en marzo el corto documental Claude Lanzmann: Spectres of the Shoah se convirtió en la primera película nominada al Oscar (en 2015) subastada como NFT.

Deportes

Los deportistas famosos están usando NFT para obtener más ingresos por su imagen. El jugador de la NBA Spencer Dinwiddie tokenizó su contrato para que otros pudieran invertir en él.

Moda

Nike dispone de una patente que permite adjuntar un NFT a productos físicos, como un par de zapatillas, y recibe el nombre de CryptoKicks.

NFT y el arte

Los NFT están teniendo un tremendo impacto en el mundo del arte, valga como ejemplo lo ocurrido con la millonaria obra de Beeple. Los tokens no fungibles han abierto nuevas posibilidades para el arte digital, que ahora puede considerarse como parte de una colección, como una inversión o como un bien con el que comercializar al tener asegurada su originalidad y su valor. Además, ha permitido a los artistas digitales vender sus imágenes, animaciones o vídeos conectando directamente con los coleccionistas y aumentar así los ingresos por su obra.

Inmobiliaria digital

Una forma en que los NFT podrían usarse en la promoción de bienes raíces es mediante la creación de representaciones digitales de propiedades que pueden venderse como tokens. Estos tokens podrían representar la propiedad de la del inmueble como hablamos en el ejemplo anteriormente citado cuando hablamos de la blockchain.

En cualquier caso, las NFT brindan una forma segura y transparente de rastrear la propiedad y la transferencia de estos activos digitales.

Realidad y recorrido virtuales

Otra aplicación potencial de las NFT en la promoción inmobiliaria es crear recorridos virtuales de propiedades utilizando tecnología de realidad virtual o aumentada.

Estos recorridos virtuales podrían venderse como NFT, brindando a los compradores un activo digital único y valioso que pueden conservar o revender.

Los NFT también podrían ser tokens vinculados al alma para identificar un mercado específico y darle acceso al

Fidelización

Los NFT también podrían usarse para crear programas de lealtad para desarrolladores de bienes raíces. Al crear

NFT que representan puntos de lealtad o recompensas, los desarrolladores podrían incentivar a los compradores a comprar propiedades dentro de sus desarrollos. Estas recompensas pueden vincularse a una variedad de acciones, como recomendar nuevos compradores o completar tareas específicas relacionadas con la propiedad.

Levantamiento de capital

Los NFT podrían usarse para crear oportunidades de recaudación de fondos para proyectos inmobiliarios.

Características clave de los NFTs:

Los NFTs sirven como un certificado digital que demuestra que posees un activo único, ya sea una obra de arte, un ítem de videojuego, o incluso derechos sobre un bien físico.

La información del NFT está registrada en Blockchain, lo que garantiza su autenticidad y limita su cantidad (si el creador decide hacerlo).

Los NFTs pueden incluir condiciones programadas mediante contratos inteligentes, como regalías automáticas al creador original en caso de reventa.

Ventajas y desventajas de los NFTs:

La principal ventaja de los NFT es su fiabilidad. La tecnología blockchain permite conocer la procedencia completa de la obra y los detalles de los derechos de autor, con el potencial de incluir información adicional que siempre será parte del código y, por tanto, inseparable de la obra. Esto impide las falsificaciones y el robo de las obras, y permite a los artistas ser compensados con mayor seguridad.

Las desventajas se relacionan, sobre todo, con el hecho de ser activos no tangibles. Son obras de arte que viven en una red de ordenadores y, en esencia, no pueden considerarse como un objeto en sí. Además, hay una preocupación creciente por la cantidad de energía que consume el procesamiento de los activos digitales, en el caso de que esta no proceda de fuentes renovables, y el impacto que puede tener sobre el cambio climático.

Vender y comprar

Si compramos un NFT, que es virtual, ¿dónde lo guardamos? Para ello necesitamos wallets, es decir, monederos digitales que nos ayudan a almacenarlos e, incluso, comerciar con ellos. Lo mismo ocurre con las criptomonedas, como el bitcoin, las cuales se guardan en internet a través de estas aplicaciones. Las más conocidas y usadas son las siguientes: Metamask, Enjin, Math Wallet, Trust Wallet o Alpha Wallet.

Más adelante hablaremos de estos monederos virtuales, ahora hablaremos de las criptomonedas y las finanzas descentralizadas o DeFi.

CRIPTOMONEDAS

La diferencia principal entre los tokens y las criptomonedas es que estás últimas disponen de su propia tecnología Blockchain y los tokens es tecnología de un tercero.

Las criptomonedas son monedas digitales o virtuales diseñadas para funcionar como un medio de intercambio, utilizando tecnologías criptográficas para garantizar su seguridad, transparencia y descentralización.

El verdadero inicio de la Blockchain se debió a la búsqueda de una tecnología que pudiera realizar transacciones digitales de forma segura. En octubre de 2008, Satoshi Nakamoto (una identidad aún anónima) publicó el documento White Paper de Bitcoin.

Bitcoin es un sistema de dinero digital que funcionaba en una red descentralizada, justo se creó cuando la crisis financiera de 2008 que fue una de las peores crisis económicas desde la Gran Depresión de 1929. Esta crisis afectó profundamente a los mercados financieros globales, los sistemas bancarios y las economías de todo el mundo, poniendo en evidencia las prácticas de algunos bancos, que firmaban préstamos hipotecarios de dudoso cobro.

La ventaja que se encuentra en las criptomonedas es que el dinero digital no tiene fronteras, se envían instantáneamente y de forma segura a cualquier parte del mundo sin depender del control de un tercero. Las criptomonedas sólo pueden ser gastadas por su dueño y nunca más de una vez.

Se caracterizan por ser:

- Son descentralizadas, no depende de una entidad central como un banco o un gobierno.

- Son seguras ya que todas las transacciones quedan registradas dentro de un libro contable actualizado en tiempo real

- Son finitas ya que desde su creación están acotadas por lo que son escasas e internacionales porque no pertenecen a ningún país.

- Son rápidas no dependen de una oficina abierta

- Sin intermediarios, lo que indica que se compran y venden de persona a persona.

- Son anónimas y transparentes. La tecnología permite que todo el mundo pueda ver las transacciones, pero no la identidad de las partes.

¿Cómo funcionan las criptomonedas?

A través de un registro digital en una blockchain que almacena todas las transacciones de una criptomoneda.

Ejemplo: Si alguien envía 1 Bitcoin, la transacción se valida por los nodos (computadoras) en la red y se añade a la blockchain.

Muchas criptomonedas, como Bitcoin, utilizan un proceso llamado minería, donde las computadoras resuelven problemas matemáticos complejos para validar transacciones y agregar nuevos bloques a la blockchain.

Otras, como Ethereum 2.0, usan sistemas alternativos como prueba de participación (Proof of Stake), donde los participantes validan transacciones al "apostar" por su criptomoneda.

Las criptomonedas se almacenan en monederos digitales, que pueden ser aplicaciones, dispositivos físicos o incluso papel.

Cada wallet tiene una clave pública (similar a un número de cuenta) y una clave privada (como una contraseña).

Usos de las Criptomonedas:

Medio de pago: Cada vez más empresas aceptan criptomonedas como forma de pago (por ejemplo, Tesla y Microsoft en ciertos momentos). Ofrecen la ventaja de transacciones rápidas y globales sin intermediarios.

Inversión: Muchos las consideran un activo digital para almacenar valor o especular, similar a lo que sería el oro digital. Ejemplo: Comprar Bitcoin esperando que suba su precio.

Transferencias internacionales: Son más rápidas y económicas que las transferencias bancarias tradicionales.

Finanzas descentralizadas (DeFi): Servicios financieros basados en blockchain, como préstamos, ahorro, y trading, sin necesidad de bancos o instituciones.

¿Dónde comprar criptomonedas?

Comprar criptomonedas es un proceso relativamente sencillo hoy en día, gracias a la popularidad de las plataformas de intercambio y servicios accesibles en todo el mundo. A continuación, te detallo las principales opciones para comprar criptomonedas, junto con algunas recomendaciones clave:

1. Plataformas de Intercambio (Exchanges):

Estas son las plataformas más comunes y seguras para comprar criptomonedas. Aquí puedes comprar, vender e intercambiar criptomonedas utilizando dinero fiduciario (como USD, EUR, MXN, etc.) o cripto.

Principales exchanges internacionales:

Binance: Es uno de los exchanges más grandes del mundo. Soporta una amplia gama de criptomonedas y métodos de pago. Tarifas bajas y opciones avanzadas de trading(invertir en blosa). Sitio web: www.binance.com

Coinbase: Ideal para principiantes, con una interfaz fácil de usar. Compatible con Bitcoin, Ethereum, y otras criptomonedas populares. Ofrece una billetera integrada. Sitio web: www.coinbase.com

Kraken: Excelente para usuarios más avanzados. Ofrece opciones de staking (comprobar las transacciones realizadas) y margen de trading. Buena seguridad y soporte al cliente. Sitio web: www.kraken.com

Crypto.com: Amplia oferta de criptomonedas y servicios, como tarjetas de débito cripto. Promociones frecuentes para nuevos usuarios. Sitio web: www.crypto.com

KuCoin: Ofrece acceso a criptomonedas menos conocidas. Tarifas competitivas y herramientas avanzadas. Sitio web: www.kucoin.com

Cómo empezar en un exchange:

- Regístrate en la plataforma (necesitarás proporcionar tu correo electrónico o teléfono).

- Completa el proceso de verificación de identidad (KYC, por sus siglas en inglés).

- Deposita dinero fiduciario mediante tarjeta de crédito, transferencia bancaria o billeteras digitales.

- Compra la criptomoneda que elijas.

2. Aplicaciones para Comprar Criptomonedas

Estas son ideales si buscas opciones rápidas y móviles para adquirir criptomonedas.

Bitso (Latinoamérica) Popular en países como México, Argentina, y Brasil. Soporta criptomonedas como Bitcoin, Ethereum, y XRP. Compatible con depósitos en moneda local.

eToro Una plataforma que combina criptomonedas, acciones y otros activos. Incluye una función de "trading social", para copiar las estrategias de otros traders.

Robinhood (EE. UU.): Compra y venta de criptomonedas sin comisiones. Enfocada en usuarios principiantes.

3. Cajeros Automáticos de Bitcoin (Bitcoin ATMs):

Estos cajeros permiten comprar Bitcoin (y, a veces, otras criptomonedas) con efectivo o tarjeta. Puedes buscar cajeros cercanos en plataformas como CoinATMRadar.

4. Brokers y Plataformas P2P

Estas opciones permiten comprar directamente a otros usuarios o mediante intermediarios. Empresas como BitPay o Simplex permiten comprar criptomonedas con tarjeta de crédito o débito de manera rápida.

5. Plataformas P2P (Peer-to-Peer):

LocalBitcoins: Compra Bitcoin directamente a otros usuarios en tu país. Ofrece múltiples métodos de pago, como transferencias bancarias, PayPal, o efectivo.

Binance P2P: Compra criptomonedas directamente de otros usuarios sin intermediarios. Métodos de pago variados, incluyendo transferencias y plataformas locales.

6. Wallets Integradas

Algunas billeteras digitales ofrecen la opción de comprar criptomonedas directamente desde su aplicación:

- Trust Wallet

- MetaMask

- Ledger Live (para usuarios con wallets físicas Ledger)

7. Tiendas Locales o Bancos
que Soportan Cripto

En algunos países, bancos o servicios locales ya permiten comprar criptomonedas, por ejemplo, Mercado Pago en Latinoamérica ofrece acceso limitado a criptomonedas.

Algunas instituciones financieras también están explorando opciones similares.

A tener en cuenta:

Usa siempre plataformas confiables y verifica que sean legítimas.

Si planeas comprar grandes cantidades, considera transferirlas a una billetera fría como un hardware wallet (Ledger o Trezor).

Compara las tarifas de diferentes plataformas antes de comprar.

Verifica las leyes y regulaciones de tu país sobre el comercio de criptomonedas.

Ten tus contraseñas seguras, si pierdes tus contraseñas o te las roban, te quedas sin criptomonedas.

Ventajas de las Criptomonedas

Las transacciones están protegidas por la blockchain.

Puedes enviar y recibir criptomonedas a nivel global sin restricciones bancarias.

Los usuarios tienen control directo sobre su dinero.

Introducen nuevas oportunidades tecnológicas y financieras.

Desventajas:

Los precios pueden subir o bajar bruscamente.

Algunas personas encuentran difícil entender cómo funcionan.

En algunos países están restringidas o prohibidas.

Hay riesgos de estafas y hackeos si no se usan plataformas seguras.

¿Cómo utilizar las criptomonedas?

Para utilizar las criptomonedas necesitamos las carteras o monederos inteligentes, los llamados wallet que utilizamos para pagar con nuestro móvil, por ejemplo.

¿QUÉ SON LOS WALLETS?

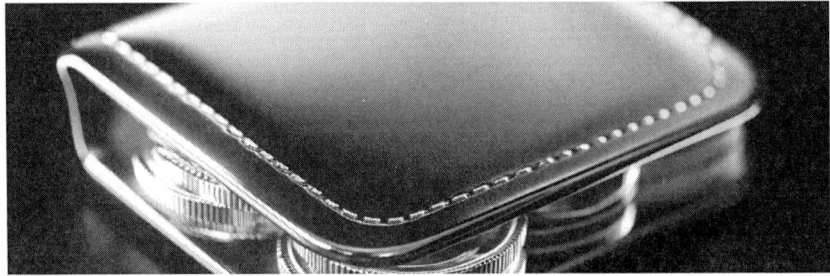

Un wallet (monedero digital) es una aplicación, dispositivo físico, o software que permite almacenar, enviar y recibir criptomonedas o dinero digital. Los wallets son una herramienta clave en el mundo de las criptomonedas, ya que proporcionan una interfaz para interactuar con la blockchain.

Características de los wallets:

Al igual que el certificado digital los wallets tienen claves privadas y públicas: Cada wallet tiene una clave pública (similar a un número de cuenta bancaria) y una clave privada (similar a una contraseña).

La clave privada es esencial para firmar transacciones y demostrar propiedad sobre los activos.

Tipos de wallets:

Hot wallets: Están conectados a internet (ej.: aplicaciones móviles o web). Son más convenientes, pero menos seguros.

Cold wallets: No están conectados a internet (ej.: hardware wallets o wallets de papel). Son más seguros, pero menos accesibles.

Soporte para múltiples criptomonedas:

Algunos wallets soportan diversas criptomonedas, mientras que otros están diseñados para una moneda específica.

Compatibilidad: Pueden ser aplicaciones móviles, de escritorio, hardware o incluso en forma de papel.

Seguridad: Incorporan medidas como autenticación de dos factores (2FA), frases de recuperación y cifrado.

Beneficios de los wallets:

Te permite ser tu propio banco, eliminando intermediarios.

Puedes gestionar tus criptomonedas desde cualquier parte del mundo con conexión a internet (para los hot wallets).

Diversidad de opciones:

Hay wallets adaptados a diferentes necesidades: trading, almacenamiento a largo plazo, accesibilidad inmediata, etc. No es necesario proporcionar información personal al usar ciertos wallets. Permiten transacciones rápidas y, en muchos casos, con menores comisiones que los sistemas bancarios tradicionales.

Riesgos de los wallets:

- Pérdida de las claves privadas: Si pierdes tu clave privada o frase de recuperación, no podrás acceder a tus fondos, y no hay forma de recuperarlos.

- Los hot wallets son vulnerables a hackeos, malware o phishing.

- Existen aplicaciones fraudulentas diseñadas para robar criptomonedas.

- Si ocurre un problema (hackeo o pérdida), no hay respaldo legal en la mayoría de los países.

- Enviar fondos a una dirección equivocada puede resultar en la pérdida irreversible de las criptomonedas.

Recomendaciones para usar wallets de manera segura:

- Usa wallets confiables y bien valorados en la comunidad cripto.

- Guarda las claves privadas y frases de recuperación en un lugar seguro, fuera del alcance de terceros.

- Para grandes sumas de dinero, utiliza cold wallets como hardware wallets.

- Activa la autenticación de dos factores (2FA) siempre que sea posible.

- Sé cauteloso con enlaces sospechosos y phishing.

¿QUÉ ES DEFI?

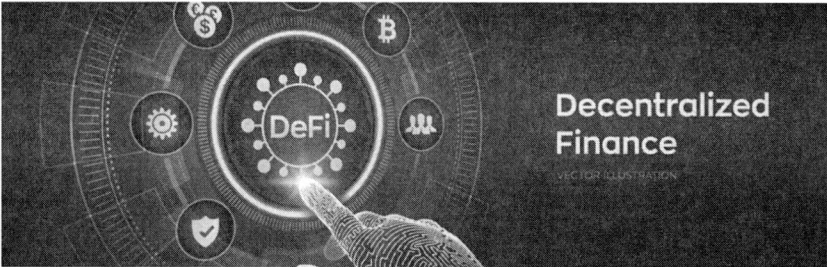

DeFi (Finanzas Descentralizadas) es un ecosistema de aplicaciones financieras que se construye sobre blockchain, principalmente en redes como Ethereum. DeFi permite acceder a servicios financieros tradicionales (préstamos, inversiones, ahorro, trading) sin necesidad de bancos o intermediarios.

En lugar de confiar en bancos o instituciones financieras, DeFi utiliza contratos inteligentes.

Cualquier persona con conexión a Internet y una wallet puede participar, sin importar su ubicación o historial crediticio. Se elimina la necesidad de bancos, brokers o instituciones financieras, reduciendo costos.

Las plataformas DeFi ofrecen tasas de interés más altas en comparación con los bancos tradicionales pero los usuarios mantienen el control total de sus activos, en lugar de confiar en instituciones financieras.

Puedes pedir o prestar dinero de manera automática usando protocolos como Aave o Com-pound.

Muchos proyectos DeFi pueden conectarse entre sí, creando un ecosistema financiero sin fricciones.

Desafíos y Riesgos

Los precios de las criptomonedas pueden fluctuar rápidamente además los contratos inteligentes pueden tener errores o vulnerabilidades por lo que han que estar muy atentos y revisar bien lo que se pone en el contrato.

Muchos gobiernos aún están definiendo cómo regular las criptomonedas y DeFi.

De la misma manera que la inteligencia artificial y el learning machine (aprendizaje automático) está cambiado la gestión patrimonial en el sistema financiero, también lo harán las DeFi y convertirán los productos básicos de los servicios principales del sector financiero.

El futuro ya está aquí desde hace tiempo, las llamadas empre-sas fintech (abreviatura de "financial technology" o "tecnología financiera") son organizaciones que utilizan tecnologías innovadoras para ofrecer servicios financieros de forma más eficiente, accesible y flexible que las instituciones financieras tradicionales, como bancos o aseguradoras.

Algunas empresas Fintech más conocidas son PayPal: Pagos digitales y transferencias. Revolut: Banca digital y gestión de finanzas. Square: Soluciones para pagos en negocios y Wise (antes TransferWise): Transferencias internacionales con bajas comisiones.

¿Qué son los préstamos entre iguales (P2P)?

En el sistema financiero tradicional, un préstamo entre iguales (Peer-to-Peer lending) ocurre cuando dos personas (el prestamista y el prestatario) realizan una transacción directamente sin necesidad de un intermediario como un banco. En DeFi, se utiliza la blockchain y contratos inteligentes.

- Lending: Es cuando un usuario presta sus fondos a un protocolo o directamente a otros usuarios, a cambio de ganar intereses.

- Borrowing: Es cuando alguien toma un préstamo, generalmente dejando una garantía en criptomonedas (over-collateralized loans) o, en algunos casos, sin garantía (flash loans).

¿Cómo funciona Lending y Borrowing en DeFi?

En DeFi, los préstamos no requieren intermediarios. En su lugar, todo el proceso es manejado por contratos inteligentes que ejecutan reglas predefinidas automáticamente. Esto asegura que el acuerdo sea transparente y seguro.

Tipos de préstamos en DeFi

Préstamos con garantía (Over-collateralized loans): Los prestatarios depositan más criptomonedas como garantía de lo que están tomando prestado (ejemplo: depositas $200 en ETH y pi-des $100 en DAI). Si el valor de tu garantía cae por debajo del umbral mínimo, el contrato inteligente liquidará automáticamente tu colateral para proteger al prestamista.

Préstamos sin garantía (Flash Loans): Son préstamos instantáneos que deben ser devueltos dentro de la misma transacción en blockchain. Si no se devuelve el préstamo en la misma transacción, la operación se cancela automáticamente.

Usos comunes:

- Arbitraje (aprovechar diferencias de precios entre plataformas).
- Refinanciar deudas en otros protocolos.
- Cambiar garantías.

Beneficios del Lending y Borrowing en DeFi

Para el prestamista (Lender): Intereses pasivos: Ganas ingresos pasivos al prestar tus criptomonedas. Alta liquidez: Puedes retirar tus fondos cuando quieras, dependiendo del protocolo. Transparencia y seguridad: Puedes ver en tiempo real cómo se gestionan tus activos y el estado del pool.

Para el prestatario (Borrower): Acceso rápido a liquidez: Puedes obtener efectivo (stablecoins como USDC o DAI) sin vender tus criptomonedas. Sin revisiones crediticias: No necesitas un historial financiero; solo necesitas suficiente colateral. Posibilidades de apalancamiento: Puedes pedir prestado para invertir en otras oportunidades y generar mayores rendimientos.

METAVERSO

El metaverso es un entorno virtual inmersivo donde las personas pueden interactuar, trabajar, jugar y realizar transacciones utilizando avatares digitales. Es una evolución del internet tradicional, combinando tecnologías como la realidad virtual (VR), la realidad aumentada (AR), inteligencia artificial (IA) y la blockchain.

La blockchain es un componente clave del metaverso porque proporciona una infraestructura descentralizada, segura y transparente para la propiedad, las transacciones y las interacciones en este entorno digital.

La blockchain es esencial para habilitar muchas funciones del metaverso, como garantizar la propiedad digital en el metaverso.

En el metaverso, las identidades digitales pueden estar vinculadas a wallets blockchain, lo que permite a los usuarios gestionar sus avatares y propiedades de manera descentralizada.

La blockchain permite vender entradas virtuales para conciertos, exposiciones o conferencias en el metaverso en forma de NFTs.

NORMATIVA DE LA UE PARA TOKENIZACIÓN DE ACTIVOS

La Unión Europea (UE) ha comenzado a desarrollar un marco regulatorio para abordar la tokenización de activos. La tokenización plantea desafíos legales, pero también es vista como una oportunidad para fomentar la innovación financiera. A continuación, te detallo los principales avances y regulaciones relacionadas con la tokenización en la UE:

Regulación clave: Reglamento MiCA (Markets in Crypto-Assets)

El reglamento MiCA (Mercados de Criptoactivos), aprobado en abril de 2023, es el marco legal más completo para criptoactivos en la UE.

Aunque no está específicamente centrado en la tokenización de activos tradicionales, establece reglas claras para:

- Emisión de tokens.
- Proveedores de servicios de criptoactivos (CASPs).
- Stablecoins y otros tipos de tokens.

MiCA regula los tokens que representan activos, como los que tokenizan bienes inmuebles, flujos de caja, acciones, bonos o materias primas. Además, exige que los emisores de tokens publiquen un whitepaper que explique los derechos y riesgos asocia-dos al token.

Los emisores de tokens y plataformas de negociación deben estar registrados y supervisados por las autoridades nacionales o la Autoridad Europea de Valores y Mercados (ESMA). Además, prohíbe prácticas engañosas y exige transparencia sobre los riesgos.

Pilot Regime para Infraestructuras de Mercado Basadas en Blokchain

Adoptado por la UE en junio de 2022, este programa piloto permite que los mercados experimenten con infraestructuras de blockchain para tokenizar valores financieros (acciones, bo-nos, etc.) bajo ciertas exenciones regulatorias.

Objetivos principales:

> • Permitir a los operadores de mercado tokenizar activos financieros tradicionales y probar nuevas infraestructuras blockchain en un entorno regulado.

> • Crear un marco para que los valores tokenizados puedan negociarse y liquidarse en blockchain, de forma eficiente y sin intermediarios tradicionales.

Está diseñado para infraestructuras de mercado autorizadas, como bolsas de valores y sistemas de liquidación central (CSDs), para experimentar con la tokenización de activos financieros.

Abre la puerta para que las empresas tokenicen acciones, bonos y otros instrumentos financieros mientras cumplen con las leyes tradicionales de valores.

Facilita la negociación directa de activos tokenizados sin depender de intermediarios centralizados.

Tokenización fuera del ámbito financiero

Para activos que no encajan dentro de los instrumentos financieros tradicionales (por ejemplo, bienes raíces, obras de arte o coleccionables):

MiCA cubre parcialmente este ámbito si los tokens son utilizados como una representación digital de derechos sobre un activo subyacente.

Los tokens no fungibles (NFTs), en principio, no están regulados específicamente bajo MiCA, pero las autoridades ad-vierten que los NFTs que se utilicen de forma similar a instrumentos financieros podrían ser regulados.

Stablecoins y tokenización

Los stablecoins, que suelen usarse como medio para facilitar la tokenización y el comercio de activos, están regulados estrictamente bajo MiCA, especialmente los tokens referenciados a ac-tivos (ART, por sus siglas en inglés).

- Requisitos para emisores de stablecoins:

- Respaldo completo por reservas verificables.

- Transparencia sobre cómo se gestionan los activos respaldados.

- Supervisión por parte de los reguladores europeos.

Ventajas de la tokenización bajo la regulación de la UE

La regulación de la UE proporciona un marco claro para que empresas e inversores participen en la tokenización sin riesgos legales imprevistos.

Los Programas piloto como el Pilot Regime permiten que las empresas experimenten con nuevas formas de emisión y negociación de activos tokenizados.

Las Normas estrictas evitan fraudes, garantizan la transparencia y aseguran que los inversores conozcan los riesgos.

Al unificar las reglas entre los 27 países de la UE, se facilita el acceso a un mercado amplio y diverso.

Desafíos de la tokenización en la UE

Es necesario determinar si un token cae bajo MiCA, MiFID II u otras regulaciones, lo que puede ser complicado para proyectos innovadores.

Aunque las DAOs y NFTs están creciendo, su marco regulatorio aún está poco definido, lo que genera incertidumbre. A pesar de las reglas claras, la infraestructura técni-ca y las plataformas necesarias para cumplir con las regulaciones aún están en desarrollo.

Países como Suiza, Singapur o Emiratos Árabes Unidos han adoptado enfoques más flexibles y rápidos, lo que puede desincentivar a empresas europeas.

¿Es buen momento para tokenizar en la UE?

Definitivamente sí, pero con una planificación estratégica sólida:

- Si trabajas en la tokenización de activos financieros tradicionales, el Pilot Regime y MiCA ofrecen caminos claros.

- Para proyectos más innovadores (por ejemplo, NFTs para tokenizar bienes no financieros), puede haber más flexibilidad, pero también desafíos regulatorios por definir.

- La UE está posicionándose como líder global en regulación de criptoactivos, y avanzar dentro de este marco puede garantizar confianza, acceso a inversores y seguridad legal.

- Los NFTs (Tokens No Fungibles) tienen el potencial de revolucionar el marketing de varias maneras.

CONCLUSIONES

CONCLUSIONES SOBRE EL CERTIFICADO DIGITAL

Para terminar este manual, me gustaría hacer un resumen de lo que el certificado digital y la tecnología Blockchain puede hacer tu vida más fácil y segura ante ataques informáticos, por lo tanto, te da cierta tranquilidad su uso.

Estas tecnologías han venido para quedarse y no las debemos tener miedo ni rehuir de ellas ya que la innovación es inherente al ser humano y todo lo hace para tener una vida más sencilla y fácil con menos esfuerzo y más eficiente.

Para recapitular deciros que el uso de certificados digitales permite autenticar la identidad de personas, empresas y dispositivos, asegurando que las comunicaciones se realicen únicamente entre las partes autorizadas.

Los certificados digitales reducen significativamente los riesgos de suplantación de identidad, al garantizar la integridad de los datos y las firmas electrónicas.

La encriptación asociada a los certificados digitales protege la información sensible durante las transacciones en línea, evitando que sea interceptada o alterada.

El certificado digital es esencial para la digitalización de procesos, como la firma de documentos, acceso a plataformas gubernamentales o emisión de facturas electrónicas, garantizando seguridad y eficiencia.

Muchas normativas de seguridad y privacidad, como el RGPD en Europa, exigen el uso de tecnologías como certificados digitales para garantizar la seguridad de los datos.

CONCLUSIONES SOBRE LA BLOCKCHAIN

La blockchain asegura que los datos registrados no puedan ser alterados ni eliminados, proporcionando un registro confiable para la trazabilidad y auditoría de información.

Al eliminar la necesidad de una autoridad central, la blockchain distribuye la responsabilidad entre múltiples nodos, reduciendo el riesgo de ataques a un único punto de fallo.

Los algoritmos de consenso, como prueba de trabajo (PoW) o prueba de participación (PoS), garantizan que las transacciones sean verificadas por múltiples partes, reforzando su autenticidad.

Gracias a los contratos inteligentes, es posible automatizar procesos y transacciones sin necesidad de confiar en un tercero, disminuyendo riesgos asociados al fraude o corrupción.

Su arquitectura distribuida dificulta ataques como el hackeo de datos o el acceso no autorizado, ya que cada nodo de la red conserva una copia completa del registro.

CONCLUSIONES COMBINADAS: CERTIFICADO DIGITAL Y BLOCKCHAIN

El certificado digital puede ser utilizado para autenticar identidades en sistemas basados en blockchain, agregando una capa adicional de seguridad en el acceso a la red y en la ejecución de contratos inteligentes.

La combinación de ambas tecnologías permite un registro inmutable de las acciones realizadas por un usuario autenticado, reforzando la transparencia y la confianza en los sistemas.

Utilizar certificados digitales en blockchain puede garantizar que los participantes sean legítimos, sin comprometer la descentralización del sistema.

La integración de blockchain y certificados digitales abre oportunidades en áreas como votación electrónica segura, sistemas de gestión de identidad auto soberana, y protección de propiedad intelectual mediante registro descentralizado.

La validación de identidades con certificados digitales, combinada con la inmutabilidad de blockchain, reduce los riesgos de manipulación, robo de datos o accesos no autorizados en procesos sensibles.

RETOS DE LA BLOCKCHAIN:

Hay 4 grandes retos que la blockchain que se deben afrontar en cualquier ámbito y sector.

Escalabilidad del sistema de cadena de bloques: Por ejemplo, en el ámbito financiero actualmente, la tecnología blockchain solo permite registrar entre 7 y 8 transacciones por segundo, una cifra muy pequeña frente a las 56.000 transacciones por segundo que procesa VISA. Esto la convierte en una tecnología lenta y costosa.

Por lo que se está empezando a aplicar los "canales de estado" que convierte la Blockchain en una tecnología más barata y rápida, y elimina el problema de escalabilidad al permitir el registro de más operaciones por segundo ya que sólo graba en el registro la información esencial de cada transacción. Pero aún faltan que se desarrollen todos los protocolos necesarios ya que son uno a uno y esto dilata su desarrollo.

Coste energético de mantenimiento de la red: Para mantener en funcionamiento la red de Bitcoin hacen falta ordenadores (mineros de Bitcoin) en encendidos constantemente, que realizan un alto consumo energético. La suma del consumo de todos estos 'mineros' es lo que llamamos coste energético del mantenimiento de red.

La solución a este reto social que plantea la Cadena de Bloques según el director académico de IMMUNE Coding Institute, pasa por el uso de energías renovables vinculadas a los equipos tecnológicos

Bugs de Software: La complejidad de programación de blockchain hace que se puedan producir errores en el código que pongan en riesgo la integridad del sistema. Además, se da también la paradoja del "Ataque del 51%" por la propia naturaleza de la red de cadenas de bloques. Para entender esta paradoja hay que explicar primero que todas las cadenas de bloques son un sistema democrático, basadas en un sistema de votación, en el que todas las transacciones son validadas por votación. En estas votaciones, el 51% es mayoría.

Lo ideal sería utilizar redes de cadenas de bloques públicas para temas privados evitando así caer en los problemas generados dentro del sistema financiero tradicional, donde el interés de unos pocos puede condicionar la realidad social.

Uso indebido de blockchain: desarrollo de ransomware: Este reto está relacionado con la necesidad de concienciación del sector IT sobre el uso fraudulento de la tecnología de cadena de bloques. Siempre hablamos lo bueno de esta tecnología, pero hay personas y organismos que la pueden mal utilizar para su beneficio como pasa con todo. El reto es fomentar el debate entre los expertos en blockchain sobre los malos usos que se pueden hacer de esta tecnología, como posibles desarrollos de ransomware basados en blockchain, para poder estar prevenidos ante ataques futuros.

GLOSARIO

Address (Dirección): Identificador alfanumérico único asociado a una wallet (billetera) en blockchain, donde se pueden recibir y enviar criptomonedas o activos digitales. Ejemplo: 0x3bA0...

Airdrop: Distribución gratuita de tokens o criptomonedas a usuarios, generalmente como parte de una campaña de marketing o recompensa por lealtad.

Altcoin: Cualquier criptomoneda que no sea Bitcoin, como Ethereum, Cardano o Solana.

API (Application Programming Interface): Interfaz que permite que diferentes aplicaciones o servicios interactúen, por ejemplo, para consultar precios de criptomonedas en tiempo real.

Autoridad de Certificación (CA): Entidad responsable de emitir, gestionar, revocar y validar certificados digitales. Ejemplo: DigiCert, Let's Encrypt.

Autenticación: Proceso de verificar la identidad de un usuario o entidad antes de permitirle acceso a un sistema o recurso.

Algoritmo de Cifrado: Conjunto de reglas matemáticas que se usan para convertir datos legibles en datos cifrados (y viceversa). Ejemplo: RSA, AES.

Blockchain: Libro mayor digital descentralizado y distribuido que registra transacciones de manera segura, transparente e inmutable.

Burn (Quema): Proceso de destruir permanentemente tokens para reducir su suministro total, aumentando su escasez.

Bear Market: Mercado con tendencia a la baja, donde los precios de las criptomonedas caen durante un periodo prolongado.

Bull Market: Mercado con tendencia al alza, caracterizado por un crecimiento sostenido en los precios.

Canales de estado (state channels): como Liquid Network en tecnología Blockchain, facilitan transacciones bidireccionales permitiendo transferencias fuera de la cadena por medio de 'canales de pago' efímeros. Generalmente, no requieren minería o validación en la cadena principal hasta que no se cierre el canal.

Certificado Digital: Documento electrónico emitido por una CA que vincula una clave pública con la identidad de una persona, organización o servidor.

Centralized Exchange (CEX): Plataforma de intercambio de criptomonedas gestionada por una entidad central (ej., Binance, Coinbase).

Clave Pública: Parte de un par de claves asimétricas (pública y privada) que se usa para cifrar datos o verificar firmas digitales. Es compartida públicamente.

Clave Privada: Parte secreta del par de claves asimétricas, utilizada para firmar digitalmente o descifrar datos. Debe mantenerse segura.

Cifrado: Proceso que transforma datos legibles en un formato codificado para proteger su confidencialidad.

Códigos Hash: Representación única y fija de un conjunto de datos (por ejemplo, un archivo o mensaje), generado mediante un algoritmo hash como SHA-256.

Cold Wallet: Billetera desconectada de internet (hardware wallet), que ofrece mayor seguridad contra hackeos.

Consensus (Consenso): Proceso por el cual los participantes de una blockchain acuerdan la validez de las transacciones.

CRL (Lista de Revocación de Certificados): Archivo digital que contiene una lista de certificados digitales revocados por la CA.

Decentralized Exchange (DEX): Plataforma de intercambio de criptomonedas sin intermediarios centralizados (ej., Uniswap, PancakeSwap).

dApp (Decentralized Application): Aplicación que opera en una red blockchain descentralizada, sin servidores centralizados.

DeFi (Finanzas Descentralizadas): Ecosistema de productos financieros construidos en blockchain, que eliminan intermediarios como bancos.

DAO (Organización Autónoma Descentralizada): Organización gobernada por contratos inteligentes, donde las decisiones son tomadas por la comunidad a través de votaciones.

Dinero fiduciario: se basa en la confianza de que el banco central garantizará su valor a lo largo del tiempo (estabilidad de precios).

Documento Electrónico: Información creada, enviada o almacenada en formato digital, como un contrato, factura o correo electrónico.

Domotizada: conjunto de tecnologías que permiten la automatización y el control inteligente de la vivienda

Duración de un Certificado Digital: Tiempo durante el cual un certificado es válido. Después de este periodo, debe renovarse.

eIDAS: Reglamento de la Unión Europea sobre servicios de identificación y confianza para transacciones electrónicas, que regula las firmas electrónicas avanzadas y cualificadas.

ERC-20: Estándar para crear tokens fungibles en la red Ethereum.

ERC-721: Estándar para tokens no fungibles (NFTs) en Ethereum.

Exchange: Plataforma para comprar, vender o intercambiar criptomonedas.

Firma Digital: Tipo de firma electrónica que utiliza criptografía de clave pública para garantizar la autenticidad, integridad y no repudio de un documento.

Firma Electrónica: Método de firma en formato digital que identifica al firmante. Puede ser simple, avanzada o cualificada.

Firma Electrónica Avanzada: Firma electrónica que cumple con requisitos adicionales de seguridad, como vincularla exclusivamente al firmante y permitir la verificación de la integridad del documento.

Firma Electrónica Cualificada: Firma avanzada basada en un certificado cualificado y creada mediante un dispositivo cualificado, reconocida con el mismo peso legal que una firma manuscrita.

Fungible Token: Token que es intercambiable por otro del mismo tipo, como Bitcoin o Ethereum (cada unidad tiene el mismo valor).

Fork: Divisón de una blockchain en dos cadenas diferentes debido a cambios en el protocolo o disputas en la comunidad.

FOMO (Fear of Missing Out): Miedo a perderse una oportunidad de inversión, que puede llevar a decisiones impulsivas.

Gas Fee: Tarifa pagada para realizar transacciones en una blockchain, como Ethereum. Se utiliza para recompensar a los validadores o mineros.

Genesis Block: Primer bloque registrado en una blockchain, también llamado "Bloque Génesis."

Hash: Un hash en blockchain es una cadena alfanumérica única generada mediante un algoritmo criptográfico a partir de datos de una transacción. Funciona como una "huella digital" que identifica de manera única la información de la transacción.

Halving: Evento en el que la recompensa por minar Bitcoin se reduce a la mitad, ocurriendo aproximadamente cada cuatro años.

HSM (Hardware Security Module): Dispositivo físico utilizado para generar, almacenar y proteger claves criptográficas y realizar operaciones de firma digital de forma segura.

Identidad Digital: Representación electrónica de la identidad de una persona o entidad, utilizada para autenticar su acceso a sistemas o firmar documentos

ICO (Initial Coin Offering): Proceso de financiamiento donde un proyecto emite nuevos tokens para recaudar fondos.

Immutable: Propiedad de las blockchains que impide alterar los datos una vez registrados.

Integridad: Garantía de que los datos no han sido alterados desde su creación o envío.

Ledger (Libro Mayor): Registro de todas las transacciones realizadas en una blockchain.

Liquidity Pool: Fondos bloqueados en contratos inteligentes que permiten realizar intercambios en plataformas DeFi.

Mining (Minería): Proceso de validar transacciones en una blockchain y generar nuevos bloques. Los mineros son recompensados con criptomonedas.

Metamask: Wallet digital popular para interactuar con dApps en Ethereum.

Marketplace: Plataforma para comprar y vender NFTs (ej., OpenSea, Rarible).

NFT (Non-Fungible Token): Activo digital único que representa la propiedad de un objeto, como arte, música o ítems de videojuegos.

Node: es uno de los ordenadores que ejecutan colectivamente el software de la blockchain. Permite a la cadena de bloques validar las transacciones y mantener la seguridad de la red, garantizando que ésta siga estando descentralizada.

No Repudio: Propiedad que asegura que un firmante no pueda negar haber firmado un documento digital, ya que la firma está vinculada únicamente a su identidad.

OCSP (Online Certificate Status Protocol): Protocolo en línea que permite verificar en tiempo real si un certificado digital es válido, ha expirado o ha sido revocado.

Private Key (Clave Privada): Cadena de caracteres alfanuméricos que da acceso a los activos en una wallet. Debe mantenerse en secreto.

Public Key (Clave Pública): Dirección utilizada para recibir criptomonedas o tokens.

PKI (Infraestructura de Clave Pública): Conjunto de políticas, procedimientos y tecnologías que permite la emisión y gestión de certificados digitales y claves criptográficas.

Revocación de Certificado: Proceso mediante el cual un certificado digital es invalidado antes de su fecha de expiración debido a compromisos de seguridad, errores en la información o solicitud del titular.

RFC (Request for Comments): Serie de documentos técnicos que describen estándares de internet, como los relacionados con certificados digitales y criptografía.

RGPD: Reglamento 2016/679 del Parlamento Europeo y del Consejo también se conoce como Reglamento General de Protección de Datos o RGPD. Regula el tratamiento de datos personales que realizan personas, organizaciones o empresas dentro de la Unión Europea.

Roadmap: Plan estratégico de un proyecto blockchain o criptográfico, que detalla sus objetivos y plazos.

Rug Pull: Estafa donde los desarrolladores de un proyecto abandonan el mismo, llevándose los fondos de los inversores.

Smart Contract: Programa que se ejecuta automáticamente en la blockchain al cumplirse ciertas condiciones predefinidas.

Staking: Proceso de bloquear criptomonedas para participar en la validación de transacciones y ganar recompensas.

Stablecoin: Criptomoneda cuyo valor está vinculado a un activo estable, como el dólar (ej., USDT, USDC).

Sello de Tiempo: Registro que certifica la fecha y hora exacta en que un documento electrónico fue firmado o creado, asegurando su validez temporal.

SSL/TLS: Protocolos de seguridad utilizados para cifrar comunicaciones en internet. Los certificados SSL/TLS aseguran la identidad de un servidor web.

Token: Representación digital de un activo o utilidad en una blockchain.

Tokenomics: Estudio del diseño económico de un token, incluyendo su suministro, distribución y utilidad.

Token Criptográfico: Dispositivo físico (como un USB o tarjeta inteligente) que almacena claves privadas y permite realizar firmas digitales de manera segura.

Validación de Certificados: Proceso de verificar si un certificado digital es válido y no ha expirado o sido revocado. Se realiza a través de OCSP o CRL.

Vigencia del Certificado: Periodo de tiempo durante el cual un certificado es válido para su uso.

Wallet: Herramienta que permite almacenar y gestionar criptomonedas y tokens.

Whitepaper: Documento técnico que describe un proyecto blockchain, incluyendo su propósito, tecnología y modelo de negocio.

Zona de Confianza: Ambiente digital donde se garantiza que las transacciones electrónicas sean seguras mediante el uso de firmas electrónicas y certificados digitales confiables.

ANEXO

MANUAL DE AYUDA PARA FIRMA DIGITAL DE DOCUMENTOS

Abrimos el documento que se quiere firmar con ADOBE ACROBAT READER DC Pulsamos HERRAMIENTAS y desde aquí CERTIFICADOS

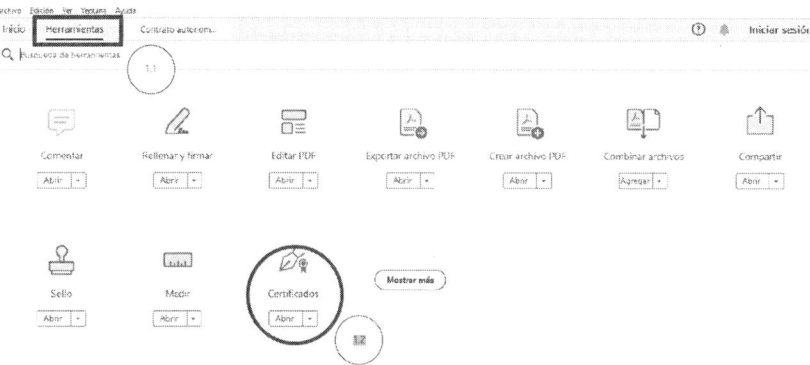

Pulsamos FIRMAR DIGITALMENTE

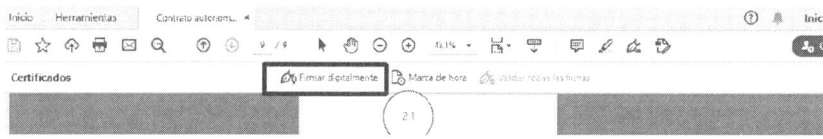

Leemos el mensaje, pulsamos ACEPTAR y después dibujamos el área dentro del cuadro destinado a la firma

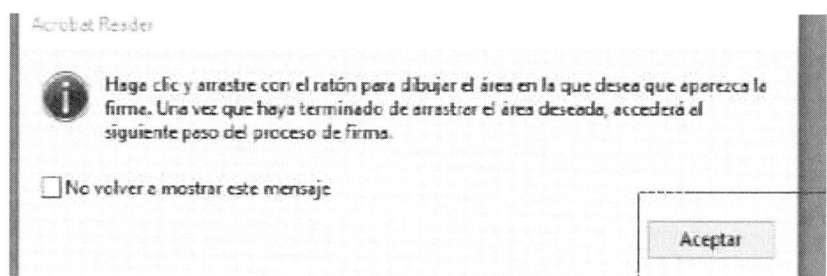

Aparecerá la ventana con el listado de certificados digitales disponibles para SELECCIONAR. Elegimos y
CONTINUAR

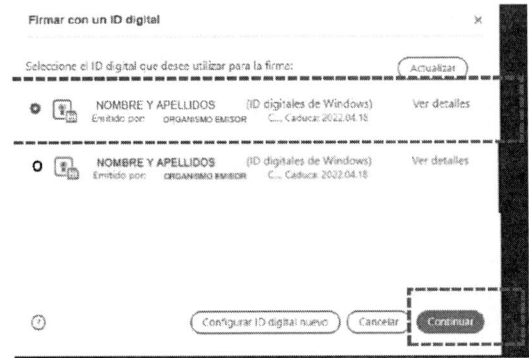

Pulsamos **FIRMAR**

NO marcamos la casilla "bloquear
el documento tras la firma" para
permitir que el documento pueda
ser firmado por otra persona

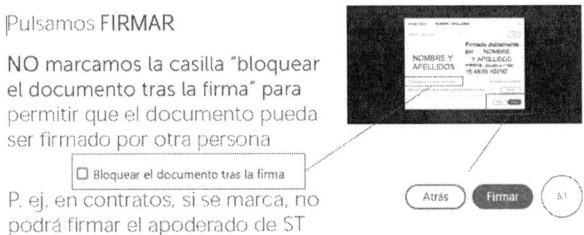

P. ej. en contratos, si se marca, no
podrá firmar el apoderado de ST

La aplicación requerirá un **NOMBRE DE ARCHIVO** para el
documento firmado, **añadiremos el código tasador al
nombre** sugerido
Se nos pedirá la contraseña del certificado para establecer la
firma del documento
Si todo es correcto, se mostrará la firma digital insertada en
el documento y en el panel de firma un check verde
indicando "firma valida"

BIBLIOGRAFÍA

Firma electrónica, contratos electrónicos y otras cuestiones: conceptos básicos para entender desde el punto de vista jurídico: la firma y los contratos electrónicos y otras cuestiones. De Francisco Javier García Más. **Firma digital, certificado y factura electrónica** de Ana María García Alcázar. **Criptomonedas para dummies** de Víctor Ronco y Carlos Callejo **NFT y Metaverso, la economía intangible en 100 preguntas** de Ismael Santiago Moreno. **Manual de usos de los NFT, cómo crear, vender y comprar non fungible tokens, los activos digitales del futuro**, de Matt Fortnow – Qu Harrison Terry. **Blockchain ¿fuego prometeico o aceite de serpiente?** Nicolás Boullosa. **Finanzas descentralizadas, la nueva y definitiva libertad económica**. Pepe Díaz. **Economía blockchain, la nueva revolución industrial** de Álvaro López Zuñiga. **Criptomonedas, qué son, cómo utilizarlas y por qué van a cambiar el mundo**. De José Manuel Torres. Página web de FNMT. Página web de BBVA, Hay Canal.